CAXTON FRENCH VERBS

CAXTON EDITIONS

First published in Great Britain by
CAXTON EDITIONS
an imprint of
the Caxton Book Company Ltd
16 Connaught Street
Marble Arch
London W2 2AF

Prepared and designed
for Caxton Editions by
Superlaunch Limited
PO Box 207
Abingdon
Oxfordshire OX13 6TA

Consultant editor Sarah Leray

ISBN 1 84067 074 6

A copy of the CIP data for this book is available from
the British Library upon request

Printed and bound in India

INTRODUCTION

Verb Forms

Tenses are used to place actions or states in time: for example, *I **am** reading* refers to the present; *I **was** reading* refers to the past, and so on.

Moods are used to indicate the relationship between the event and the person relating it: the speaker could simply state an event as being a fact, or be doubtful, or be happy or be sad about it, or give an order.

There are four moods in French: the indicative, the subjunctive, the conditional, and the imperative. Each of them has more than one tense. The tenses that are rarely used are not mentioned in this book.

USES OF THE INFINITIVE

It is the form of the verbs found in dictionaries, and functions as a verb and as a noun.
It is used

(a) as the equivalent of the *~ing* verb form in English: ***Nager** est bon pour la santé* [Swimming is healthy].

(b) as the equivalent of the **to + verb** form in English: *Il serait bien de lui **écrire*** [It would be good to write to him].

(c) as the only possible verb form after

prepositions (except for **en**, *see* gerund, *below*): *Il est parti sans **dire** au revoir*! [He left without saying goodbye]! *Je suis venu pour te **voir*** [I have come to see you].

(d) after some verbs and adjectives which take a preposition: *J'ai réussi à le **voir*** [I managed to see him]; *Il est prêt à **partir*** [He's ready to go].

USES OF THE INDICATIVE

It is the most frequent mood. We use it to express a fact, or to place an event clearly at some point in time. The ***present indicative*** is used to express

(a) actions currently taking place: *Elle **dort** profondément* [She is sleeping deeply].

(b) actions which go on all the time, or occur habitually: *La terre **tourne*** [The earth turns]; *Je la **vois** tous les jours* [I see her every day].

(c) events which will take place in the near future: *Je te **vois** demain* [I will see you tomorrow].

(d) descriptions: *Le jardin **est** grand* [The garden is big].

(e) actions or states which started in the past and are still continuing in the present: *J'**habite** ici depuis deux ans* [I've lived here for two years]; *Il **travaille** ici depuis six mois* [He's been working here for six months].

The ***imperfect indicative***, a past tense, is used to express

(a) an action or state which was in progress when something else happened: *Il se **promenait** lorsque je l'ai croisé* [He was out walking when I met him]; *J'ai vu ce film quand j'**étais** malade* [I saw this film when I was ill].

(b) general truths about the past: *En ce temps-là, il **faisait** très beau* [In those days, the weather used to be beautiful].
(c) repetitions or habits in the past: *L'an dernier, j'**allais** souvent au cinéma* [Last year, I used to go to the cinema a lot].
(d) descriptions: *Elle **était** très belle* [She was very beautiful].
(e) the equivalent in the past of (e) above: *Elle **attendait** depuis une heure*! [She had been waiting for one hour!].

The ***past historic*** is never used in spoken French. It is used
(a) in written French, for actions that are over and done with (narration): *Il **écrivit** une lettre et la **laissa** sur la table* [He wrote a letter and left it on the table].
(b) in story-telling, to present the events: *Il se promenait lorsqu'il la **vit*** [He was out walking when he saw her].

The ***future*** tense is used to express
(a) actions or states which will happen – certainly or possibly – in the future: *Est-ce que tu **viendras***? [Will you come?]
(b) the future after conjunctions such as **quand** [when], **aussitôt que** [as soon as], **tant que** [as long as], when in English the present would be used: *Je viendrai quand je **pourrai*** [I'll come when I can].
There is another way of expressing a near future, using the auxiliary verb **aller + infinitive**: *Je **vais partir*** [I'm going to leave].

The ***perfect indicative*** is used to express
(a) an action or state that is over and done with;

this tense is to spoken French what the past historic is to written French: *J'**ai mangé** une pomme* [I ate an apple].

(b) a past event, the consequences of which can still be felt in the present: *Les voisins **sont partis*** [The neighbours have left].

There is another way of expressing the recent past, using the verb **venir de + infinitive**: *Ils **viennent de** partir* [They have just left].

The ***pluperfect indicative*** is used to express one event which precedes another event: *Je l'**avais** déjà **rencontré*** [I had already met him].

USES OF THE SUBJUNCTIVE

Although this mood has almost gone from English, it is still widely used in French.

The ***present subjunctive*** is used

(a) in main clauses, when the speaker feels involved in the event. In contrast, the indicative would present the event neutrally, simply as a fact. The present subjunctive can express enthusiasm, fear or anger: ***Qu'**on **se** le **dise***! [Let it be known!]; ***Qu'**il **se débrouille***! [Let him sort himself out!].

(b) in noun clauses, after a verb expressing a fear, a wish or a regret: *Je voudrais **qu'**il **réussisse*** [I would like him to succeed]; *or* expressing doubt or disbelief: *Je doute **qu'**elle **vienne*** [I doubt she'll come]; *or* expressing emotions: *Je suis contente **que** tu **soies** ici* [I'm glad you're here]; *or* expressing a contradiction introduced by **bien que** [although], **quoique** [although] or **si ... que** [however]: *Bien **qu'**elle **soit** ici, je m'ennuie* [Although she's here, I'm bored]; *Si étrange **que** ça **paraisse**, je veux rester* [However strange it may seem, I want to stay]. If the subjects of the verbs in both clauses are the same, then the verb in the noun clause isn't in its subjunctive form, but in the infinitive: *Je veux **partir*** [I want to leave].

(c) after **pour que**, to indicate purpose: *Retourne-toi pour que je **puisse** te voir* [Turn round so that I can see you].

(d) after **avant que** [before] and **jusqu'à ce que** [until]: *Rentre avant **qu'**il ne **soit** trop tard* [Go back before it's too late].

USES OF THE CONDITIONAL

The ***conditional present*** is used

(a) to refer to events which may or may not happen: *Je crois que ça **pourrait** marcher* [I think it could work].

(b) to say what would happen if a condition was fulfilled: ***J'irais** si j'avais le temps* [I would go if I had enough time].

(c) to express 'future in the past' in a noun clause introduced by **que** or **si**: *Je savais qu'il **viendrait*** [I knew he'd come].

(d) to make a polite request or to express a wish: ***J'aimerais** beaucoup y aller avec toi* [I'd love to go there with you].

USES OF THE IMPERATIVE

The ***present imperative*** is used to give orders: ***Range** ta chambre*! [Tidy your room]!

Allons-*y ensemble*! [Let's go together]!
Regardez *les étoiles*! [Look at the stars]!

USES OF THE PRESENT PARTICIPLE

The ***present participle*** functions as

(a) a verb, in which case it is invariable and it can have an object: *Les enfants* ***regardant*** *trop la télé deviennent léthargiques* [Children who watch TV too much become lethargic].

(b) an adjective (describing a noun), in which case it agrees with the noun and it cannot have an object: *Elle est* ***charmante*** [She's charming].

USES OF THE GERUND

The ***gerund*** is formed with the preposition **en** followed by the present participle. It is used to introduce one action happening at the same time as another: *Il parle* ***en mangeant*** [He talks while eating]; *Tu y arriveras* ***en travaillant*** [You'll succeed by working].

USES OF THE PAST PARTICIPLE

The ***past participle*** is used

(a) as an adjective, in which case it agrees with the noun it is related to (*see* below): *Elle est très* ***énervée*** [She's very angry].

(b) to form compound tenses, in which case it sometimes agrees in number and gender with a noun or a pronoun, following this pattern:

example: fini (past participle of the verb finir)

	masculine	*feminine*
singular	fini	fini**e**
plural	fini**s**	fini**es**

Rules of agreement when forming a compound tense

If the auxiliary verb is *avoir*, the past participle agrees in number and gender with the direct object if it precedes the verb; otherwise the past participle remains in its masculine singular form.

If the auxiliary verb is *être*, the past participle agrees in number and gender with the subject.

However, if the verb is reflexive (*see* below) and the reflexive pronoun is an indirect object, the past participle remains in its masculine singular form.

Reflexive verbs are preceded by a reflexive pronoun corresponding to the subject of the verb, e.g. ***se lever*** to get up.

TO ABANDON *abandonner*
Present participle *abandonnant*
Past participle *abandonné*
Imperative *abandonne, abandonnons, abandonnez*

Present indicative
j'abandonne
tu abandonnes
il abandonne
nous abandonnons
vous abandonnez
ils abandonnent

Imperfect indicative
j'abandonnais
tu abandonnais
il abandonnait
nous abandonnions
vous abandonniez
ils abandonnaient

Past historic
j'abandonnai
tu abandonnas
il abandonna
nous abandonnâmes
vous abandonnâtes
ils abandonnèrent

Future
j'abandonnerai
tu abandonneras
il abandonnera
nous abandonnerons
vous abandonnerez
ils abandonneront

Perfect indicative
j'ai abandonné
tu as abandonné
il a abandonné
nous avons abandonné
vous avez abandonné
ils ont abandonné

Pluperfect indicative
j'avais abandonné
tu avais abandonné
il avait abandonné
nous avions abandonné
vous aviez abandonné
ils avaient abandonné

Present subjunctive
que j'abandonne
que tu abandonnes
qu'il abandonne
que nous abandonnions
que vous abandonniez
qu'ils abandonnent

Conditional
j'abandonnerais
tu abandonnerais
il abandonnerait
nous abandonnerions
vous abandonneriez
ils abandonneraient

TO ABSOLVE *absoudre*
Present participle *absolvant*
Past participle *absous* (*~soute*)
Imperative *absous, absolvons, absolvez*

Present indicative
j'absous
tu absous
il absout
nous absolvons
vous absolvez
ils absolvent

Perfect indicative
j'ai absous
tu as absous
il a absous
nous avons absous
vous avez absous
ils ont absous

Imperfect indicative
j'absolvais
tu absolvais
il absolvait
nous absolvions
vous absolviez
ils absolvaient

Pluperfect indicative
j'avais absous
tu avais absous
il avait absous
nous avions absous
vous aviez absous
ils avaient absous

Past historic
—
—
—
—
—
—

Present subjunctive
que j'absolve
que tu absolves
qu'il absolve
que nous absolvions
que vous absolviez
qu'ils absolvent

Future
j'absoudrai
tu absoudras
il absoudra
nous absoudrons
vous absoudrez
ils absoudront

Conditional
j'absoudrais
tu absoudrais
il absoudrait
nous absoudrions
vous absoudriez
ils absoudraient

TO ACCEPT *accepter*
Present participle *acceptant*
Past participle *accepté*
Imperative *accepte, acceptons, acceptez*

Present indicative
j'accepte
tu acceptes
il accepte
nous acceptons
vous acceptez
ils acceptent

Imperfect indicative
j'acceptais
tu acceptais
il acceptait
nous acceptions
vous acceptiez
ils acceptaient

Past historic
j'acceptai
tu acceptas
il accepta
nous acceptâmes
vous acceptâtes
ils acceptèrent

Future
j'accepterai
tu accepteras
il acceptera
nous accepterons
vous accepterez
ils accepteront

Perfect indicative
j'ai accepté
tu as accepté
il a accepté
nous avons accepté
vous avez accepté
ils ont accepté

Pluperfect indicative
j'avais accepté
tu avais accepté
il avait accepté
nous avions accepté
vous aviez accepté
ils avaient accepté

Present subjunctive
que j'accepte
que tu acceptes
qu'il accepte
que nous acceptions
que vous acceptiez
qu'ils acceptent

Conditional
j'accepterais
tu accepterais
il accepterait
nous accepterions
vous accepteriez
ils accepteraient

TO ACCOMPANY *accompagner*
Present participle *accompagnant*
Past participle *accompagné*
Imperative *accompagne, accompagnons, accompagnez*

Present indicative
j'accompagne
tu accompagnes
il accompagne
nous accompagnons
vous accompagnez
ils accompagnent

Perfect indicative
j'ai accompagné
tu as accompagné
il a accompagné
nous avons accompagné
vous avez accompagné
ils ont accompagné

Imperfect indicative
j'accompagnais
tu accompagnais
il accompagnait
nous accompagnions
vous accompagniez
ils accompagnaient

Pluperfect indicative
j'avais accompagné
tu avais accompagné
il avait accompagné
nous avions accompagné
vous aviez accompagné
ils avaient accompagné

Past historic
j'accompagnai
tu accompagnas
il accompagna
nous accompagnâmes
vous accompagnâtes
ils accompagnèrent

Present subjunctive
que j'accompagne
que tu accompagnes
qu'il accompagne
que nous accompagnions
que vous accompagniez
qu'ils accompagnent

Future
j'accompagnerai
tu accompagneras
il accompagnera
nous accompagnerons
vous accompagnerez
ils accompagneront

Conditional
j'accompagnerais
tu accompagnerais
il accompagnerait
nous accompagnerions
vous accompagneriez
ils accompagneraient

TO ACCUSE *accuser*
Present participle *accusant*
Past participle *accusé*
Imperative *accuse, accusons, accusez*

Present indicative
j'accuse
tu accuses
il accuse
nous accusons
vous accusez
ils accusent

Imperfect indicative
j'accusais
tu accusais
il accusait
nous accusions
vous accusiez
ils accusaient

Past historic
j'accusai
tu accusas
il accusa
nous accusâmes
vous accusâtes
ils accusèrent

Future
j'accuserai
tu accuseras
il accusera
nous accuserons
vous accuserez
ils accuseront

Perfect indicative
j'ai accusé
tu as accusé
il a accusé
nous avons accusé
vous avez accusé
ils ont accusé

Pluperfect indicative
j'avais accusé
tu avais accusé
il avait accusé
nous avions accusé
vous aviez accusé
ils avaient accusé

Present subjunctive
que j'accuse
que tu accuses
qu'il accuse
que nous accusions
que vous accusiez
qu'ils accusent

Conditional
j'accuserais
tu accuserais
il accuserait
nous accuserions
vous accuseriez
ils accuseraient

TO ACQUIRE *acquérir*
Present participle *acquérant*
Past participle *acquis*
Imperative *acquiers, acquérons, acquérez*

Present indicative
j'acquiers
tu acquiers
il acquiert
nous acquérons
vous acquérez
ils acquièrent

Perfect indicative
j'ai acquis
tu as acquis
il a acquis
nous avons acquis
vous avez acquis
ils ont acquis

Imperfect indicative
j'acquérais
tu acquérais
il acquérait
nous acquérions
vous acquériez
ils acquéraient

Pluperfect indicative
j'avais acquis
tu avais acquis
il avait acquis
nous avions acquis
vous aviez acquis
ils avaient acquis

Past historic
j'acquis
tu acquis
il acquit
nous acquîmes
vous acquîtes
ils acquirent

Present subjunctive
que j'acquière
que tu acquières
qu'il acquière
que nous acquérions
que vous acquériez
qu'ils acquièrent

Future
j'acquerrai
tu acquerras
il acquerra
nous acquerrons
vous acquerrez
ils acquerront

Conditional
j'acquerrais
tu acquerrais
il acquerrait
nous acquerrions
vous acquerriez
ils acquerraient

TO ADMIRE *admirer*
Present participle *admirant*
Past participle *admiré*
Imperative *admire, admirons, admirez*

Present indicative
j'admire
tu admires
il admire
nous admirons
vous admirez
ils admirent

Perfect indicative
j'ai admiré
tu as admiré
il a admiré
nous avons admiré
vous avez admiré
ils ont admiré

Imperfect indicative
j'admirais
tu admirais
il admirait
nous admirions
vous admiriez
ils admiraient

Pluperfect indicative
j'avais admiré
tu avais admiré
il avait admiré
nous avions admiré
vous aviez admiré
ils avaient admiré

Past historic
j'admirai
tu admiras
il admira
nous admirâmes
vous admirâtes
ils admirèrent

Present subjunctive
que j'admire
que tu admires
qu'il admire
que nous admirions
que vous admiriez
qu'ils admirent

Future
j'admirerai
tu admireras
il admirera
nous admirerons
vous admirerez
ils admireront

Conditional
j'admirerais
tu admirerais
il admirerait
nous admirerions
vous admireriez
ils admireraient

TO ADMIT *admettre*
Present participle *admettant*
Past participle *admis*
Imperative *admets*, *admettons*, *admettez*

Present indicative
j'admets
tu admets
il admet
nous admettons
vous admettez
ils admettent

Imperfect indicative
j'admettais
tu admettais
il admettait
nous admettions
vous admettiez
ils admettaient

Past historic
j'admis
tu admis
il admit
nous admîmes
vous admîtes
ils admirent

Future
j'admettrai
tu admettras
il admettra
nous admettrons
vous admettrez
ils admettront

Perfect indicative
j'ai admis
tu as admis
il a admis
nous avons admis
vous avez admis
ils ont admis

Pluperfect indicative
j'avais admis
tu avais admis
il avait admis
nous avions admis
vous aviez admis
ils avaient admis

Present subjunctive
que j'admette
que tu admettes
qu'il admette
que nous admettions
que vous admettiez
qu'ils admettent

Conditional
j'admettrais
tu admettrais
il admettrait
nous admettrions
vous admettriez
ils admettraient

TO ADORE *adorer*
Present participle *adorant*
Past participle *adoré*
Imperative *adore, adorons, adorez*

Present indicative
j'adore
tu adores
il adore
nous adorons
vous adorez
ils adorent

Imperfect indicative
j'adorais
tu adorais
il adorait
nous adorions
vous adoriez
ils adoraient

Past historic
j'adorai
tu adoras
il adora
nous adorâmes
vous adorâtes
ils adorèrent

Future
j'adorerai
tu adoreras
il adorera
nous adorerons
vous adorerez
ils adoreront

Perfect indicative
j'ai adoré
tu as adoré
il a adoré
nous avons adoré
vous avez adoré
ils ont adoré

Pluperfect indicative
j'avais adoré
tu avais adoré
il avait adoré
nous avions adoré
vous aviez adoré
ils avaient adoré

Present subjunctive
que j'adore
que tu adores
qu'il adore
que nous adorions
que vous adoriez
qu'ils adorent

Conditional
j'adorerais
tu adorerais
il adorerait
nous adorerions
vous adoreriez
ils adoreraient

TO ALLOW *permettre*
Present participle *permettant*
Past participle *permis*
Imperative *permets, permettons, permettez*

Present indicative
je permets
tu permets
il permet
nous permettons
vous permettez
ils permettent

Perfect indicative
j'ai permis
tu as permis
il a permis
nous avons permis
vous avez permis
ils ont permis

Imperfect indicative
je permettais
tu permettais
il permettait
nous permettions
vous permettiez
ils permettaient

Pluperfect indicative
j'avais permis
tu avais permis
il avait permis
nous avions permis
vous aviez permis
ils avaient permis

Past historic
je permis
tu permis
il permit
nous permîmes
vous permîtes
ils permirent

Present subjunctive
que je permette
que tu permettes
qu'il permette
que nous permettions
que vous permettiez
qu'ils permettent

Future
je permettrai
tu permettras
il permettra
nous permettrons
vous permettrez
ils permettront

Conditional
je permettrais
tu permettrais
il permettrait
nous permettrions
vous permettriez
ils permettraient

TO ANSWER *répondre*
Present participle *répondant*
Past participle *répondu*
Imperative *réponds, répondons, répondez*

Present indicative
je réponds
tu réponds
il répond
nous répondons
vous répondez
ils répondent

Imperfect indicative
je répondais
tu répondais
il répondait
nous répondions
vous répondiez
ils répondaient

Past historic
je répondis
tu répondis
il répondit
nous répondîmes
vous répondîtes
ils répondirent

Future
je répondrai
tu répondras
il répondra
nous répondrons
vous répondrez
ils répondront

Perfect indicative
j'ai répondu
tu as répondu
il a répondu
nous avons répondu
vous avez répondu
ils ont répondu

Pluperfect indicative
j'avais répondu
tu avais répondu
il avait répondu
nous avions répondu
vous aviez répondu
ils avaient répondu

Present subjunctive
que je réponde
que tu répondes
qu'il réponde
que nous repondions
que vous répondiez
qu'ils répondent

Conditional
je répondrais
tu répondrais
il répondrait
nous répondrions
vous répondriez
ils répondraient

TO APPEAR *apparaître*
Present participle *apparaissant*
Past participle *apparu*
Imperative *apparais, apparaissons, apparaissez*

Present indicative
j'apparais
tu apparais
il apparaît
nous apparaissons
vous apparaissez
ils apparaissent

Imperfect indicative
j'apparaissais
tu apparaissais
il apparaissait
nous apparaissions
vous apparaissiez
ils apparaissaient

Past historic
j'apparus
tu apparus
il apparut
nous apparûmes
vous apparûtes
ils apparurent

Future
j'apparaîtrai
tu apparaîtras
il apparaîtra
nous apparaîtrons
vous apparaîtrez
ils apparaîtront

Perfect indicative
j'ai apparu
tu as apparu
il a apparu
nous avons apparu
vous avez apparu
ils ont apparu

Pluperfect indicative
j'avais apparu
tu avais apparu
il avait apparu
nous avions apparu
vous aviez apparu
ils avaient apparu

Present subjunctive
que j'apparaisse
que tu apparaisses
qu'il apparaisse
que nous apparaissions
que vous apparaissiez
qu'ils apparaissent

Conditional
j'apparaîtrais
tu apparaitrais
il apparaîtrait
nous apparaîtrions
vous apparaîtriez
ils apparaîtraient

TO APPRECIATE *apprécier*
Present participle *appréciant*
Past participle *apprécié*
Imperative *apprécie, apprécions, appréciez*

Present indicative
j'apprécie
tu apprécies
il apprécie
nous apprécions
vous appréciez
ils apprécient

Imperfect indicative
j'appréciais
tu appréciais
il appréciait
nous appréciions
vous appréciiez
ils appréciaient

Past historic
j'appréciai
tu apprécias
il apprécia
nous appréciâmes
vous appréciâtes
ils apprécièrent

Future
j'apprécierai
tu apprécieras
il appréciera
nous apprécierons
vous apprécierez
ils apprécieront

Perfect indicative
j'ai apprécié
tu as apprécié
il a apprécié
nous avons apprécié
vous avez apprécié
ils ont apprécié

Pluperfect indicative
j'avais apprécié
tu avais apprécié
il avait apprécié
nous avions apprécié
vous aviez apprécié
ils avaient apprécié

Present subjunctive
que j'apprécie
que tu apprécies
qu'il apprécie
que nous appréciions
que vous appréciiez
qu'ils apprécient

Conditional
je gapprécierais
tu apprécierais
il apprécierait
nous apprécierions
vous apprécieriez
ils apprécieraient

TO ARRIVE *arriver*
Present participle *arrivant*
Past participle *arrivé*
Imperative *arrive, arrivons, arrivez*

Present indicative
j'arrive
tu arrives
il arrive
nous arrivons
vous arrivez
ils arrivent

Imperfect indicative
j'arrivais
tu arrivais
il arrivait
nous arrivions
vous arriviez
ils arrivaient

Past historic
j'arrivai
tu arrivas
il arriva
nous arrivâmes
vous arrivâtes
ils arrivèrent

Future
j'arriverai
tu arriveras
il arrivera
nous arriverons
vous arriverez
ils arriveront

Perfect indicative
je suis arrivé
tu es arrivé
il est arrivé
nous sommes arrivés
vous êtes arrivés
ils sont arrivés

Pluperfect indicative
j'étais arrivé
tu étais arrivé
il était arrivé
nous étions arrivés
vous étiez arrivés
ils étaient arrivés

Present subjunctive
que j'arrive
que tu arrives
qu'il arrive
que nous arrivions
que vous arriviez
qu'ils arrivent

Conditional
j'arriverais
tu arriverais
il arriverait
nous arriverions
vous arriveriez
ils arriveraient

TO ASSIST *aider*
Present participle *aidant*
Past participle *aidé*
Imperative *aide, aidons, aidez*

Present indicative
j'aide
tu aides
il aide
nous aidons
vous aidez
ils aident

Imperfect indicative
j'aidais
tu aidais
il aidait
nous aidions
vous aidiez
ils aidaient

Past historic
j'aidai
tu aidas
il aida
nous aidâmes
vous aidâtes
ils aidèrent

Future
j'aiderai
tu aideras
il aidera
nous aiderons
vous aiderez
ils aideront

Perfect indicative
j'ai aidé
tu a aidé
il a aidé
nous avons aidé
vous avez aidé
ils ont aidé

Pluperfect indicative
j'avais aidé
tu avais aidé
il avait aidé
nous avions aidé
vous aviez aidé
ils avaient aidé

Present subjunctive
que j'aide
que tu aides
qu'il aide
que nous aidions
que vous aidiez
qu'ils aident

Conditional
j'aiderais
tu aiderais
il aiderait
nous aiderions
vous aideriez
ils aideraient

TO BE *être*
Present participle *étant*
Past participle *été*
Imperative *sois, soyons, soyez*

Present indicative
je suis
tu es
il est
nous sommes
vous êtes
ils sont

Perfect indicative
j'ai été
tu as été
il a été
nous avons été
vous avez été
ils ont été

Imperfect indicative
j'étais
tu étais
il était
nous étions
vous étiez
ils étaient

Pluperfect indicative
j'avais été
tu avais été
il avait été
nous avions été
vous aviez été
ils avaient été

Past historic
je fus
tu fus
il fut
nous fûmes
vous fûtes
ils furent

Present subjunctive
que je sois
que tu sois
qu'il soit
que nous soyons
que vous soyez
qu'ils soient

Future
je serai
tu seras
il sera
nous serons
vous serez
ils seront

Conditional
je serais
tu serais
il serait
nous serions
vous seriez
ils seraient

TO BE ABLE TO *pouvoir*
Present participle *pouvant*
Past participle *pu*
Imperative -

Present indicative
je peux
tu peux
il peut
nous pouvons
vous pouvez
ils peuvent

Imperfect indicative
je pouvais
tu pouvais
il pouvait
nous pouvions
vous pouviez
ils pouvaient

Past historic
je pus
tu pus
il put
nous pûmes
vous pûtes
ils purent

Future
je pourrai
tu pourras
il pourra
nous pourrons
vous pourrez
ils pourront

Perfect indicative
j'ai pu
tu as pu
il a pu
nous avons pu
vous avez pu
ils ont pu

Pluperfect indicative
j'avais pu
tu avais pu
il avait pu
nous avions pu
vous aviez pu
ils avaient pu

Present subjunctive
que je puisse
que tu puisses
qu'il puisse
que nous puissions
que vous puissiez
qu'ils puissent

Conditional
je pourrais
tu pourrais
il pourrait
nous pourrions
vous pourriez
ils pourraient

TO BE BORN *naître*
Present participle *naissant*
Past participle *né*
Imperative *nais, naissons, naissez*

Present indicative
je nais
tu nais
il naît
nous naissons
vous naissez
ils naissent

Imperfect indicative
je naissais
tu naissais
il naissait
nous naissions
vous naissiez
ils naissaient

Past historic
je naquis
tu naquis
il naquit
nous naquîmes
vous naquîtes
ils naquirent

Future
je naîtrai
tu naîtras
il naîtra
nous naîtrons
vous naîtrez
ils naîtront

Perfect indicative
je suis né
tu es né
il est né
nous sommes nés
vous êtes nés
ils sont nés

Pluperfect indicative
j'étais né
tu étais né
il était né
nous étions nés
vous étiez nés
ils étaient nés

Present subjunctive
que je naisse
que tu naisses
qu'il naisse
que nous naissions
que vous naissiez
qu'ils naissent

Conditional
je naîtrais
tu naîtrais
il naîtrait
nous naîtrions
vous naîtriez
ils naîtraient

TO BE QUIET *se taire*
Present participle *se taisant*
Past participle *tu*
Imperative *tais-toi, taisons-nous, taisez-vous*

Present indicative
je me tais
tu te tais
il se tait
nous nous taisons
vous vous taisez
ils se taisent

Imperfect indicative
je me taisais
tu te taisais
il se taisait
nous nous taisions
vous vous taisiez
ils se taisaient

Past historic
je me tus
tu te tus
il se tut
nous nous tûmes
vous vous tûtes
ils se turent

Future
je me tairai
tu te tairas
il se taira
nous nous tairons
vous vous tairez
ils se tairont

Perfect indicative
je me suis tu
tu t'es tu
il s'est tu
nous nous sommes tus
vous vous êtes tus
ils se sont tus

Pluperfect indicative
je m'étais tu
tu t'étais tu
il s'était tu
nous nous étions tus
vous vous étiez tus
ils s'étaient tus

Present subjunctive
que je me taise
que tu te taises
qu'il se taise
que nous nous taisions
que vous vous taisiez
qu'ils se taisent

Conditional
je me tairais
tu te tairais
il se tairait
nous nous tairions
vous vous tairiez
ils se tairaient

TO BE SUFFICIENT *suffire*
Present participle *suffisant*
Past participle *suffi*
Imperative *suffis, suffisons, suffisez*

Present indicative
je suffis
tu suffis
il suffit
nous suffisons
vous suffisez
ils suffisent

Perfect indicative
j'ai suffi
tu as suffi
il a suffi
nous avons suffi
vous avez suffi
ils ont suffi

Imperfect indicative
je suffisais
tu suffisais
il suffisait
nous suffisions
vous suffisiez
ils suffisaient

Pluperfect indicative
j'avais suffi
tu avais suffi
il avait suffi
nous avions suffi
vous aviez suffi
ils avaient suffi

Past historic
je suffis
tu suffis
il suffit
nous suffîmes
vous suffîtes
ils suffirent

Present subjunctive
que je suffise
que tu suffises
qu'il suffise
que nous suffisions
que vous suffisiez
qu'ils suffisent

Future
je suffirai
tu suffiras
il suffira
nous suffirons
vous suffirez
ils suffiront

Conditional
je suffirais
tu suffirais
il suffirait
nous suffirions
vous suffiriez
ils suffiraient

TO BE WORTH *valoir*
Present participle *valant*
Past participle *valu*
Imperative *vaux, valons, valez*

Present indicative
je vaux
tu vaux
il vaut
nous valons
vous valez
ils valent

Imperfect indicative
je valais
tu valais
il valait
nous valions
vous valiez
ils valaient

Past historic
je valus
tu valus
il valut
nous valûmes
vous valûtes
ils valurent

Future
je vaudrai
tu vaudras
il vaudra
nous vaudrons
vous vaudrez
ils vaudront

Perfect indicative
j'ai valu
tu as valu
il a valu
nous avons valu
vous avez valu
ils ont valu

Pluperfect indicative
j'avais valu
tu avais valu
il avait valu
nous avions valu
vous aviez valu
ils avaient valu

Present subjunctive
que je vaille
que tu vailles
qu'il vaille
que nous valions
que vous valiez
qu'ils vaillent

Conditional
je vaudrais
tu vaudrais
il vaudrait
nous vaudrions
vous vaudriez
ils vaudraient

TO BEAT *battre*
Present participle *battant*
Past participle *battu*
Imperative *bats, battons, battez*

Present indicative
je bats
tu bats
il bat
nous battons
vous battez
ils battent

Perfect indicative
j'ai battu
tu as battu
il a battu
nous avons battu
vous avez battu
ils ont battu

Imperfect indicative
je battais
tu battais
il battait
nous battions
vous battiez
ils battaient

Pluperfect indicative
j'avais battu
tu avais battu
il avait battu
nous avions battu
vous aviez battu
ils avaient battu

Past historic
je battis
tu battis
il battit
nous battîmes
vous battîtes
ils battirent

Present subjunctive
que je batte
que tu battes
qu'il batte
que nous battions
que vous battiez
qu'ils battent

Future
je battrai
tu battras
il battra
nous battrons
vous battrez
ils battront

Conditional
je battrais
tu battrais
il battrait
nous battrions
vous battriez
ils battraient

TO BECOME *devenir*
Present participle *devenant*
Past participle *devenu*
Imperative *deviens, devenons, devenez*

Present indicative
je deviens
tu deviens
il devient
nous devenons
vous devenez
ils deviennent

Perfect indicative
je suis devenu
tu es devenu
il est devenu
nous sommes devenus
vous êtes devenus
ils sont devenus

Imperfect indicative
je devenais
tu devenais
il devenait
nous devenions
vous deveniez
ils devenaient

Pluperfect indicative
j'étais devenu
tu étais devenu
il était devenu
nous étions devenus
vous étiez devenus
ils étaient devenus

Past historic
je devins
tu devins
il devint
nous devînmes
vous devîntes
ils devinrent

Present subjunctive
que je devienne
que tu deviennes
qu'il devienne
que nous devenions
que vous deveniez
qu'ils deviennent

Future
je deviendrai
tu deviendras
il deviendra
nous deviendrons
vous deviendrez
ils deviendront

Conditional
je deviendrais
tu deviendrais
il deviendrait
nous deviendrions
vous deviendriez
ils deviendraient

TO BEGIN *commencer*
Present participle *commençant*
Past participle *commencé*
Imperative *commence, commençons, commencez*

Present indicative
je commence
tu commences
il commence
nous commençons
vous commencez
ils commencent

Imperfect indicative
je commençais
tu commençais
il commençait
nous commencions
vous commenciez
ils commençaient

Past historic
je commençai
tu commenças
il commença
nous commençâmes
vous commençâtes
ils commencèrent

Future
je commencerai
tu commenceras
il commencera
nous commencerons
vous commencerez
ils commenceront

Perfect indicative
j'ai commencé
tu as commencé
il a commencé
nous avons commencé
vous avez commencé
ils ont commencé

Pluperfect indicative
j'avais commencé
tu avais commencé
il avait commencé
nous avions commencé
vous aviez commencé
ils avaient commencé

Present subjunctive
que je commence
que tu commences
qu'il commence
que nous commencions
que vous commenciez
qu'ils commencent

Conditional
je commencerais
tu commencerais
il commencerait
nous commencerions
vous commenceriez
ils commenceraient

TO BELIEVE *croire*
Present participle *croyant*
Past participle *cru*
Imperative *crois, croyons, croyez*

Present indicative
je crois
tu crois
il croit
nous croyons
vous croyez
ils croient

Perfect indicative
j'ai cru
tu as cru
il a cru
nous avons cru
vous avez cru
ils ont cru

Imperfect indicative
je croyais
tu croyais
il croyait
nous croyions
vous croyiez
ils croyaient

Pluperfect indicative
j'avais cru
tu avais cru
il avait cru
nous avions cru
vous aviez cru
ils avaient cru

Past historic
je crus
tu crus
il crut
nous crûmes
vous crûtes
ils crurent

Present subjunctive
que je croie
que tu croies
qu'il croie
que nous croyions
que vous croyiez
qu'ils croient

Future
je croirai
tu croiras
il croira
nous croirons
vous croirez
ils croiront

Conditional
je croirais
tu croirais
il croirait
nous croirions
vous croiriez
ils croiraient

TO BELONG *appartenir*
Present participle *appartenant*
Past participle *appartenu*
Imperative *appartiens, appartenons, appartenez*

Present indicative
j'appartiens
tu appartiens
il appartient
nous appartenons
vous appartenez
ils appartiennent

Imperfect indicative
j'appartenais
tu appartenais
il appartenait
nous appartenions
vous apparteniez
ils appartenaient

Past historic
j'appartins
tu appartins
il appartint
nous appartînmes
vous appartîntes
ils appartinrent

Future
j'appartiendrai
tu appartiendras
il appartiendra
nous appartiendrons
vous appartiendrez
ils appartiendront

Perfect indicative
j'ai appartenu
tu as appartenu
il a appartenu
nous avons appartenu
vous avez appartenu
ils ont appartenu

Pluperfect indicative
j'avais appartenu
tu avais appartenu
il avait appartenu
nous avions appartenu
vous aviez appartenu
ils avaient appartenu

Present subjunctive
que j'appartienne
que tu appartiennes
qu'il appartienne
que nous appartenions
que vous apparteniez
qu'ils appartiennent

Conditional
j'appartiendrais
tu appartiendrais
il appartiendrait
nous appartiendrions
vous appartiendriez
ils appartiendraient

TO BITE *mordre*
Present participle *mordant*
Past participle *mordu*
Imperative *mords, mordons, mordez*

Present indicative
je mords
tu mords
il mord
nous mordons
vous mordez
ils mordent

Perfect indicative
j'ai mordu
tu as mordu
il a mordu
nous avons mordu
vous avez mordu
ils ont mordu

Imperfect indicative
je mordais
tu mordais
il mordait
nous mordions
vous mordiez
ils mordaient

Pluperfect indicative
j'avais mordu
tu avais mordu
il avait mordu
nous avions mordu
vous aviez mordu
ils avaient mordu

Past historic
je mordis
tu mordis
il mordit
nous mordîmes
vous mordîtes
ils mordirent

Present subjunctive
que je morde
que tu mordes
qu'il morde
que nous mordions
que vous mordiez
qu'ils mordent

Future
je mordrai
tu mordras
il mordra
nous mordrons
vous mordrez
ils mordront

Conditional
je mordrais
tu mordrais
il mordrait
nous mordrions
vous mordriez
ils mordraient

TO BOIL *bouillir*
Present participle *bouillant*
Past participle *bouilli*
Imperative *bous, bouillons, bouillez*

Present indicative
je bous
tu bous
il bout
nous bouillons
vous bouillez
ils bouillent

Imperfect indicative
je bouillais
tu bouillais
il bouillait
nous bouillions
vous bouilliez
ils bouillaient

Past historic
je bouillis
tu bouillis
il bouillit
nous bouillîmes
vous bouillîtes
ils bouillirent

Future
je bouillirai
tu bouilliras
il bouillira
nous bouillirons
vous bouillirez
ils bouilliront

Perfect indicative
j'ai bouilli
tu as bouilli
il a bouilli
nous avons bouilli
vous avez bouilli
ils ont bouilli

Pluperfect indicative
j'avais bouilli
tu avais bouilli
il avait bouilli
nous avions bouilli
vous aviez bouilli
ils avaient bouilli

Present subjunctive
que je bouille
que tu bouilles
qu'il bouille
que nous bouillions
que vous bouilliez
qu'ils bouillent

Conditional
je bouillirais
tu bouillirais
il bouillirait
nous bouillirions
vous bouilliriez
ils bouilliraient

TO BREAK *casser*
Present participle *cassant*
Past participle *cassé*
Imperative *casse, cassons, cassez*

Present indicative
je casse
tu casses
il casse
nous cassons
vous cassez
ils cassent

Perfect indicative
j'ai cassé
tu as cassé
il a cassé
nous avons cassé
vous avez cassé
ils ont cassé

Imperfect indicative
je cassais
tu cassais
il cassait
nous cassions
vous cassiez
ils cassaient

Pluperfect indicative
j'avais cassé
tu avais cassé
il avait cassé
nous avions cassé
vous aviez cassé
ils avaient cassé

Past historic
je cassai
tu cassas
il cassa
nous cassâmes
vous cassâtes
ils cassèrent

Present subjunctive
que je casse
que tu casses
qu'il casse
que nous cassions
que vous cassiez
qu'ils cassent

Future
je casserai
tu casseras
il cassera
nous casserons
vous casserez
ils casseront

Conditional
je casserais
tu casserais
il casserait
nous casserions
vous casseriez
ils casseraient

TO BREAK (OFF) *rompre*
Present participle *rompant*
Past participle *rompu*
Imperative *romps*, *rompons*, *rompez*

Present indicative
je romps
tu romps
il rompt
nous rompons
vous rompez
ils rompent

Imperfect indicative
je rompais
tu rompais
il rompait
nous rompions
vous rompiez
ils rompaient

Past historic
je rompis
tu rompis
il rompit
nous rompîmes
vous rompîtes
ils rompirent

Future
je romprai
tu rompras
il rompra
nous romprons
vous romprez
ils rompront

Perfect indicative
j'ai rompu
tu as rompu
il a rompu
nous avons rompu
vous avez rompu
ils ont rompu

Pluperfect indicative
j'avais rompu
tu avais rompu
il avait rompu
nous avions rompu
vous aviez rompu
ils avaient rompu

Present subjunctive
que je rompe
que tu rompes
qu'il rompe
que nous rompions
que vous rompiez
qu'ils rompent

Conditional
je romprais
tu romprais
il romprait
nous romprions
vous rompriez
ils rompraient

TO BRING *apporter*
Present participle *apportant*
Past participle *apporté*
Imperative *apporte, apportons, apportez*

Present indicative
j'apporte
tu apportes
il apporte
nous apportons
vous apportez
ils apportent

Imperfect indicative
j'apportais
tu apportais
il apportait
nous apportions
vous apportiez
ils apportaient

Past historic
j'apportai
tu apportas
il apporta
nous apportâmes
vous apportâtes
ils apportèrent

Future
j'apporterai
tu apporteras
il apportera
nous apporterons
vous apporterez
ils apporteront

Perfect indicative
j'ai apporté
tu as apporté
il a apporté
nous avons apporté
vous avez apporté
ils ont apporté

Pluperfect indicative
j'avais apporté
tu avais apporté
il avait apporté
nous avions apporté
vous aviez apporté
ils avaient apporté

Present subjunctive
que j'apporte
que tu apportes
qu'il apporte
que nous apportions
que vous apportiez
qu'ils apportent

Conditional
j'apporterais
tu apporterais
il apporterait
nous apporterions
vous apporteriez
ils apporteraient

TO BUILD *construire*
Present participle *construisant*
Past participle *construit*
Imperative *construis, construisons, construisez*

Present indicative
je construis
tu construis
il construit
nous construisons
vus construisez
ils construisent

Imperfect indicative
je construisais
tu construisais
il construisait
nous construisions
vous construisiez
ils construisaient

Past historic
je construisis
tu construisis
il construisit
nous construisîmes
vous construisîtes
ils construisirent

Future
je construirai
tu construiras
il construira
nous construirons
vous construirez
ils construiront

Perfect indicative
j'ai construit
tu as construit
il a construit
nous avons construit
vous avez construit
ils ont construit

Pluperfect indicative
j'avais construit
tu avais construit
il avait construit
nous avions construit
vous aviez construit
ils avaient construit

Present subjunctive
que je construise
que tu construises
qu'il construise
que nous construisions
que vous construisiez
qu'ils construisent

Conditional
je construirais
tu construirais
il construirait
nous construirions
vous construiriez
ils construiraient

TO BUY *acheter*
Present participle *achetant*
Past participle *acheté*
Imperative *achète, achetons, achetez*

Present indicative
j'achète
tu achètes
il achète
nous achetons
vous achetez
ils achètent

Imperfect indicative
j'achetais
tu achetais
il achetait
nous achetions
vous achetiez
ils achetaient

Past historic
je achetai
tu achetas
il acheta
nous achetâmes
vous achetâtes
ils achetèrent

Future
j'achèterai
tu achèteras
il achètera
nous achèterons
vous achèterez
ils achèteront

Perfect indicative
j'ai acheté
tu as acheté
il a acheté
nous avons acheté
vous avez acheté
ils ont acheté

Pluperfect indicative
j'avais acheté
tu avais acheté
il avait acheté
nous avions acheté
vous aviez acheté
ils avaient acheté

Present subjunctive
que j'achète
que tu achètes
qu'il achète
que nous achetions
que vous achetiez
qu'ils achètent

Conditional
j'achèterais
tu achèterais
il achèterait
nous achèterions
vous achèteriez
ils achèteraient

TO CALL *appeler*
Present participle *appelant*
Past participle *appelé*
Imperative *appelle, appelons, appelez*

Present indicative
j'appelle
tu appelles
il appelle
nous appelons
vous appelez
ils appellent

Perfect indicative
j'ai appelé
tu as appelé
il a appelé
nous avons appelé
vous avez appelé
ils ont appelé

Imperfect indicative
j'appelais
tu appelais
il appelait
nous appelions
vous appeliez
ils appelaient

Pluperfect indicative
j'avais appelé
tu avais appelé
il avait appelé
nous avions appelé
vous aviez appelé
ils avaient appelé

Past historic
j'appelai
tu appelas
il appela
nous appelâmes
vous appelâtes
ils appelèrent

Present subjunctive
que j'appelle
que tu appelles
qu'il appelle
que nous appelions
que vous appeliez
qu'ils appellent

Future
j'appellerai
tu appelleras
il appellera
nous appellerons
vous appellerez
ils appelleront

Conditional
j'appellerais
tu appellerais
il appellerait
nous appellerions
vous appelleriez
ils appelleraient

TO CALM (DOWN) *calmer*
Present participle *calmant*
Past participle *calmé*
Imperative *calme, calmons, calmez*

Present indicative
je calme
tu calmes
il calme
nous calmons
vous calmez
ils calment

Imperfect indicative
je calmais
tu calmais
il calmait
nous calmions
vous calmiez
ils calmaient

Past historic
je calmai
tu calmas
il calma
nous calmâmes
vous calmâtes
ils calmèrent

Future
je calmerai
tu calmeras
il calmera
nous calmerons
vous calmerez
ils calmeront

Perfect indicative
j'ai calmé
tu as calmé
il a calmé
nous avons calmé
vous avez calmé
ils ont calmé

Pluperfect indicative
j'avais calmé
tu avais calmé
il avait calmé
nous avions calmé
vous aviez calmé
ils avaient calmé

Present subjunctive
que je calme
que tu calmes
qu'il calme
que nous calmions
que vous calmiez
qu'ils calment

Conditional
je calmerais
tu calmerais
il calmerait
nous calmerions
vous calmeriez
ils calmeraient

TO CARRY *porter*
Present participle *portant*
Past participle *porté*
Imperative *porte, portons, portez*

Present indicative
je porte
tu portes
il porte
nous portons
vous portez
ils portent

Perfect indicative
j'ai porté
tu as porté
il a porté
nous avons porté
vous avez porté
ils ont porté

Imperfect indicative
je portais
tu portais
il portait
nous portions
vous portiez
ils portaient

Pluperfect indicative
j'avais porté
tu avais porté
il avait porté
nous avions porté
vous aviez porté
ils avaient porté

Past historic
je portai
tu portas
il porta
nous portâmes
vous portâtes
ils portèrent

Present subjunctive
que je porte
que tu portes
qu'il porte
que nous portions
que vous portiez
qu'ils portent

Future
je porterai
tu porteras
il portera
nous porterons
vous porterez
ils porteront

Conditional
je porterais
tu porterais
il porterait
nous porterions
vous porteriez
ils porteraient

TO CARRY OUT *accomplir*
Present participle *finissant*
Past participle *accompli*
Imperative *accomplis, accomplissons, accomplissez*

Present indicative
j'accomplis
tu accomplis
il accomplit
nous accomplissons
vous accomplissez
ils accomplissent

Perfect indicative
j'ai accompli
tu as accompli
il a accompli
nous avons accompli
vous avez accompli
ils ont accompli

Imperfect indicative
j'accomplissais
tu accomplissais
il accomplissait
nous accomplissions
vous accomplissiez
ils accomplissaient

Pluperfect indicative
j'avais accompli
tu avais accompli
il avait accompli
nous avions accompli
vous aviez accompli
ils avaient accompli

Past historic
j'accomplis
tu accomplis
il accomplit
nous accomplîmes
vous accomplîtes
ils accomplirent

Present subjunctive
que j'accomplisse
que tu accomplisses
qu'il accomplisse
que nous accomplissions
que vous accomplissiez
qu'ils accomplissent

Future
j'accomplirai
tu accompliras
il accomplira
nous accomplirons
vous accomplirez
ils accompliront

Conditional
j'accomplirais
tu accomplirais
il accomplirait
nous accomplirions
vous accompliriez
ils accompliraient

TO CATCH *attraper*
Present participle *attrapant*
Past participle *attrapé*
Imperative *attrape, attrapons, attrapez*

Present indicative
j'attrape
tu attrapes
il attrape
nous attrapons
vous attrapez
ils attrapent

Imperfect indicative
j'attrapais
tu attrapais
il attrapait
nous attrapions
vous attrapiez
ils attrapaient

Past historic
j'attrapai
tu attrapas
il attrapa
nous attrapâmes
vous attrapâtes
ils attrapèrent

Future
j'attraperai
tu attraperas
il attrapera
nous attraperons
vous attraperez
ils attraperont

Perfect indicative
j'ai attrapé
tu as attrapé
il a attrapé
nous avons attrapé
vous avez attrapé
ils ont attrapé

Pluperfect indicative
j'avais attrapé
tu avais attrapé
il avait attrapé
nous avions attrapé
vous aviez attrapé
ils avaient attrapé

Present subjunctive
que j'attrape
que tu attrapes
qu'il attrape
que nous attrapions
que vous attrapiez
qu'ils attrapent

Conditional
j'attraperais
tu attraperais
il attraperait
nous attraperions
vous attraperiez
ils attraperaient

TO CHOOSE *choisir*
Present participle *choisissant*
Past participle *choisi*
Imperative *choisis*, *choisissons*, *choisissez*

Present indicative
je choisis
tu choisis
il choisit
nous choisissons
vous choisissez
ils choisissent

Perfect indicative
j'ai choisi
tu as choisi
il a choisi
nous avons choisi
vous avez choisi
ils ont choisi

Imperfect indicative
je choisissais
tu choisissais
il choisissait
nous choisissions
vous choisissiez
ils choisissaient

Pluperfect indicative
j'avais choisi
tu avais choisi
il avait choisi
nous avions choisi
vous aviez choisi
ils avaient choisi

Past historic
je choisis
tu choisis
il choisit
nous choisîmes
vous choisîtes
ils choisirent

Present subjunctive
que je choisisse
que tu choisisses
qu'il choisisse
que nous choisissions
que vous choisissiez
qu'ils choisissent

Future
je choisirai
tu choisiras
il choisira
nous choisirons
vous choisirez
ils choisiront

Conditional
je choisirais
tu choisirais
il choisirait
nous choisirions
vous choisiriez
ils choisiraient

TO CLOSE *fermer*
Present participle *fermant*
Past participle *fermé*
Imperative *ferme, fermons, fermez*

Present indicative
je ferme
tu fermes
il ferme
nous fermons
vous fermez
ils ferment

Perfect indicative
j'ai fermé
tu as fermé
il a fermé
nous avons fermé
vous avez fermé
ils ont fermé

Imperfect indicative
je fermais
tu fermais
il fermait
nous fermions
vous fermiez
ils fermaient

Pluperfect indicative
j'avais fermé
tu avais fermé
il avait fermé
nous avions fermé
vous aviez fermé
ils avaient fermé

Past historic
je fermai
tu fermas
il ferma
nous fermâmes
vous fermâtes
ils fermèrent

Present subjunctive
que je ferme
que tu fermes
qu'il ferme
que nous fermions
que vous fermiez
qu'ils ferment

Future
je fermerai
tu fermeras
il fermera
nous fermerons
vous fermerez
ils fermeront

Conditional
je fermerais
tu fermerais
il fermerait
nous fermerions
vous fermeriez
ils fermeraient

TO COME *venir*
Present participle *venant*
Past participle *venu*
Imperative *viens, venons, venez*

Present indicative
je viens
tu viens
il vient
nous venons
vous venez
ils viennent

Imperfect indicative
je venais
tu venais
il venait
nous venions
vous veniez
ils venaient

Past historic
je vins
tu vins
il vint
nous vînmes
vous vîntes
ils vinrent

Future
je viendrai
tu viendras
il viendra
nous viendrons
vous viendrez
ils viendront

Perfect indicative
je suis venu
tu es venu
il est venu
nous sommes venus
vous êtes venus
ils sont venus

Pluperfect indicative
j'étais venu
tu étais venu
il était venu
nous étions venus
vous étiez venus
ils étaient venus

Present subjunctive
que je vienne
que tu viennes
qu'il vienne
que nous venions
que vous veniez
qu'ils viennent

Conditional
je viendrais
tu viendrais
il viendrait
nous viendrions
vous viendriez
ils viendraient

TO COME BACK *revenir*
Present participle *revenant*
Past participle *revenu*
Imperative *reviens, revenons, revenez*

Present indicative
je reviens
tu reviens
il revient
nous revenons
vous revenez
il reviennent

Imperfect indicative
je revenais
tu revenais
il revenait
nous revenions
vous reveniez
ils revenaient

Past historic
je revins
tu revins
il revint
nous revînmes
vous revîntes
ils revinrent

Future
je reviendrai
tu reviendras
il reviendra
nous reviendrons
vous reviendrez
ils reviendront

Perfect indicative
je suis revenu
tu es revenu
il est revenu
nous sommes revenus
vous êtes revenus
ils sont revenus

Pluperfect indicative
j'étais revenu
tu étais revenu
il était revenu
nous étions revenus
vous étiez revenus
ils étaient revenus

Present subjunctive
que je revienne
que tu reviennes
qu'il revienne
que nous revenions
que vous reveniez
qu'ils reviennent

Conditional
je reviendrais
tu reviendrais
il reviendrait
nous reviendrions
vous reviendriez
ils reviendraient

TO CONCLUDE *conclure*
Present participle *concluant*
Past participle *conclu*
Imperative *conclus, concluons, concluez*

Present indicative
je conclus
tu conclus
il conclut
nous concluons
vous concluez
ils concluent

Imperfect indicative
je concluais
tu concluais
il concluait
nous concluions
vous concluiez
ils concluaient

Past historic
je conclus
tu conclus
il conclut
nous conclûmes
vous conclûtes
ils conclurent

Future
je conclurai
tu concluras
il conclura
nous conclurons
vous conclurez
ils concluront

Perfect indicative
j'ai conclu
tu as conclu
il a conclu
nous avons conclu
vous avez conclu
ils ont conclu

Pluperfect indicative
j'avais conclu
tu avais conclu
il avait conclu
nous avions conclu
vous aviez conclu
ils avaient conclu

Present subjunctive
que je conclue
que tu conclues
qu'il conclue
que nous concluions
que vous concluiez
qu'ils concluent

Conditional
je conclurais
tu conclurais
il conclurait
nous conclurions
vous concluriez
ils concluraient

TO CONQUER *conquérir*
Present participle *conquérant*
Past participle *conquis*
Imperative *conquiers, conquérons, conquérez*

Present indicative
je conquiers
tu conquiers
il conquiert
nous conquérons
vous conquérez
ils conquièrent

Imperfect indicative
je conquérais
tu conquérais
il conquérait
nous conquérions
vous conquériez
ils conquéraient

Past historic
je conquis
tu conquis
il conquit
nous conquîmes
vous conquîtes
ils conquirent

Future
je conquerrai
tu conquerras
il conquerra
nous conquerrons
vous conquerrez
ils conquerront

Perfect indicative
j'ai conquis
tu as conquis
il a conquis
nous avons conquis
vous avez conquis
ils ont conquis

Pluperfect indicative
j'avais conquis
tu avais conquis
il avait conquis
nous avions conquis
vous aviez conquis
ils avaient conquis

Present subjunctive
que je conquière
que tu conquières
qu'il conquière
que nous conquérions
que vous conquériez
qu'ils conquièrent

Conditional
je conquerrais
tu conquerrais
il conquerrait
nous conquerrions
vous conquerriez
ils conquerraient

TO CONSENT *consentir*
Present participle *consentant*
Past participle *consenti*
Imperative *consens, consentons, consentez*

Present indicative
je consens
tu consens
il consent
nous consentons
vous consentez
ils consentent

Imperfect indicative
je consentais
tu consentais
il consentait
nous consentions
vous consentiez
ils consentaient

Past historic
je consentis
tu consentis
il consentit
nous consentîmes
vous consentîtes
ils consentirent

Future
je consentirai
tu consentiras
il consentira
nous consentirons
vous consentirez
ils consentiront

Perfect indicative
j'ai consenti
tu as consenti
il a consenti
nous avons consenti
vous avez consenti
ils ont consenti

Pluperfect indicative
j'avais consenti
tu avais consenti
il avait consenti
nous avions consenti
vous aviez consenti
ils avaient consenti

Present subjunctive
que je consente
que tu consentes
qu'il consente
que nous consentions
que vous consentiez
qu'ils consentent

Conditional
je consentirais
tu consentirais
il consentirait
nous consentirions
vous consentiriez
ils consentiraient

TO CONTAIN *contenir*
Present participle *contenant*
Past participle *contenu*
Imperative *contiens, contenons, contenez*

Present indicative
je contiens
tu contiens
il contient
nous contenons
vous contenez
ils contiennent

Imperfect indicative
je contenais
tu contenais
il contenait
nous contenions
vous conteniez
ils contenaient

Past historic
je contins
tu contins
il contint
nous contînmes
vous contîntes
ils continrent

Future
je contiendrai
tu contiendras
il contiendra
nous contiendrons
vous contiendrez
ils contiendront

Perfect indicative
j'ai contenu
tu as contenu
il a contenu
nous avons contenu
vous avez contenu
ils ont contenu

Pluperfect indicative
j'avais contenu
tu avais contenu
il avait contenu
nous avions contenu
vous aviez contenu
ils avaient contenu

Present subjunctive
que je contienne
que tu contiennes
qu'il contienne
que nous contenions
que vous conteniez
qu'ils contiennent

Conditional
je contiendrais
tu contiendrais
il contiendrait
nous contiendrions
vous contiendriez
ils contiendraient

TO CONTRADICT *contredire*
Present participle *contredisant*
Past participle *contredit*
Imperative *contredis, contredisons, contredisez*

Present indicative
je contredis
tu contredis
il contredit
nous contredisons
vous contredisez
ils contredisent

Imperfect indicative
je contredisais
tu contredisais
il contredisait
nous contredisions
vous contredisiez
ils contredisaient

Past historic
je contredis
tu contredis
il contredit
nous contredîmes
vous contredîtes
ils contredirent

Future
je contredirai
tu contrediras
il contredira
nous contredirons
vous contredirez
ils contrediront

Perfect indicative
j'ai contredit
tu as contredit
il a contredit
nous avons contredit
vous avez contredit
ils ont contredit

Pluperfect indicative
j'avais contredit
tu avais contredit
il avait contredit
nous avions contredit
vous aviez contredit
ils avaient contredit

Present subjunctive
que je contredise
que tu contredises
qu'il contredise
que nous contredisions
que vous contredisiez
qu'ils contredisent

Conditional
je contredirais
tu contredirais
il contredirait
nous contredirions
vous contrediriez
ils contrediraient

TO CONVINCE *convaincre*
Present participle *convainquant*
Past participle *convaincu*
Imperative *convaincs, convainquons, convainquez*

Present indicative
je convaincs
tu convaincs
il convainc
nous convainquons
vous convainquez
ils convainquent

Imperfect indicative
je convainquais
tu convainquais
il convainquait
nous convainquions
vous convainquiez
ils convainquaient

Past historic
je convainquis
tu convainquis
il convainquit
nous convainquîmes
vous convainquîtes
ils convainquirent

Future
je convaincrai
tu convaincras
il convaincra
nous convaincrons
vous convaincrez
ils convaincront

Perfect indicative
j'ai convaincu
tu as convaincu
il a convaincu
nous avons convaincu
vous avez convaincu
ils ont convaincu

Pluperfect indicative
j'avais convaincu
tu avais convaincu
il avait convaincu
nous avions convaincu
vous aviez convaincu
ils avaient convaincu

Present subjunctive
que je convainque
que tu convainques
qu'il convainque
que nous convainquions
que vous convainquiez
qu'ils convainquent

Conditional
je convaincrais
tu convaincrais
il convaincrait
nous convaincrions
vous convaincriez
ils convaincraient

TO COOK *cuire*
Present participle *cuisant*
Past participle *cuit*
Imperative *cuis, cuisons, cuisez*

Present indicative
je cuis
tu cuis
il cuit
nous cuisons
vous cuisez
ils cuisent

Imperfect indicative
je cuisais
tu cuisais
il cuisait
nous cuisions
vous cuisiez
ils cuisaient

Past historic
je cuisis
tu cuisis
il cuisit
nous cuisîmes
vous cuisîtes
ils cuisirent

Future
je cuirai
tu cuiras
il cuira
nous cuirons
vous cuirez
ils cuiront

Perfect indicative
j'ai cuit
tu as cuit
il a cuit
nous avons cuit
vous avez cuit
ils ont cuit

Pluperfect indicative
j'avais cuit
tu avais cuit
il avait cuit
nous avions cuit
vous aviez cuit
ils avaient cuit

Present subjunctive
que je cuise
que tu cuises
qu'il cuise
que nous cuisions
que vous cuisiez
qu'ils cuisent

Conditional
je cuirais
tu cuirais
il cuirait
nous cuirions
vous cuiriez
ils cuiraient

TO COVER *couvrir*
Present participle *couvrant*
Past participle *couvert*
Imperative *couvre, couvrons, couvrez*

Present indicative
je couvre
tu couvres
il couvre
nous couvrons
vous couvrez
ils couvrent

Imperfect indicative
je couvrais
tu couvrais
il couvrait
nous couvrions
vous couvriez
ils couvraient

Past historic
je couvris
tu couvris
il couvrit
nous couvrîmes
vous couvrîtes
ils couvrirent

Future
je couvrirai
tu couvriras
il couvrira
nous couvrirons
vous couvrirez
ils couvriront

Perfect indicative
j'ai couvert
tu as couvert
il a couvert
nous avons couverts
vous avez couverts
ils ont couverts

Pluperfect indicative
j'avais couvert
tu avais couvert
il avait couvert
nous avions couverts
vous aviez couverts
ils avaient couverts

Present subjunctive
que je couvre
que tu couvres
qu'il couvre
que nous couvrions
que vous couvriez
qu'ils couvrent

Conditional
je couvrirais
tu couvrirais
il couvrirait
nous couvririons
vous couvririez
ils couvriraient

TO CREATE *créer*
Present participle *créant*
Past participle *créé*
Imperative *crée, créons, créez*

Present indicative
je crée
tu crées
il crée
nous créons
vous créez
ils créent

Imperfect indicative
je créais
tu créais
il créait
nous créions
vous créiez
ils créaient

Past historic
je créai
tu créas
il créa
nous créâmes
vous créâtes
ils créèrent

Future
je créerai
tu créeras
il créera
nous créerons
vous créerez
ils créeront

Perfect indicative
j'ai créé
tu as créé
il a créé
nous avons crée
vous avez créé
ils ont créé

Pluperfect indicative
j'avais créé
tu avais créé
il avait créé
nous avions créé
vous aviez créé
ils avaient créé

Present subjunctive
que je crée
que tu crées
qu'il crée
que nous créions
que vous créiez
qu'ils créent

Conditional
je créerais
tu créerais
il créerait
nous créerions
vous créeriez
ils créeraient

TO CROSS *traverser*
Present participle *traversant*
Past participle *traversé*
Imperative *traverse, traversons, traversez*

Present indicative
je traverse
tu traverses
il traverse
nous traversons
vous traversez
ils traversent

Imperfect indicative
je traversais
tu traversais
il traversait
nous traversions
vous traversiez
ils traversaient

Past historic
je traversai
tu traversas
il traversa
nous traversâmes
vous traversâtes
ils traversèrent

Future
je traverserai
tu traverseras
il traversera
nous traverserons
vous traverserez
ils traverseront

Perfect indicative
j'ai traversé
tu as traversé
il a traversé
nous avons traversé
vous avez traversé
ils ont traversé

Pluperfect indicative
j'avais traversé
tu avais traversé
il avait traversé
nous avions traversé
vous aviez traversé
ils avaient traversé

Present subjunctive
que je traverse
que tu traverses
qu'il traverse
que nous traversions
que vous traversiez
qu'ils traversent

Conditional
je traverserais
tu traverserais
il traverserait
nous traverserions
vous traverseriez
ils traverseraient

TO CURSE *maudire*
Present participle *maudissant*
Past participle *maudit*
Imperative *maudis, maudissons, maudissez*

Present indicative
je maudis
tu maudis
il maudit
nous maudissons
vous maudissez
ils maudissent

Perfect indicative
j'ai maudit
tu as maudit
il a maudit
nous avons maudit
vous avez maudit
ils ont maudit

Imperfect indicative
je maudissais
tu maudissais
il maudissait
nous maudissions
vous maudissiez
ils maudissaient

Pluperfect indicative
j'avais maudit
tu avais maudit
il avait maudit
nous avions maudit
vous aviez maudit
ils avaient maudit

Past historic
je maudis
tu maudis
il maudit
nous maudîmes
vous maudîtes
ils maudirent

Present subjunctive
que je maudisse
que tu maudisses
qu'il maudisse
que nous maudissions
que vous maudissiez
qu'ils maudissent

Future
je maudirai
tu maudiras
il maudira
nous maudirons
vous maudirez
ils maudiront

Conditional
je maudirais
tu maudirais
il maudirait
nous maudirions
vous maudiriez
ils maudiraient

TO CUT *couper*
Present participle *coupant*
Past participle *coupé*
Imperative *coupe, coupons, coupez*

Present indicative
je coupe
tu coupes
il coupe
nous coupons
vous coupez
ils coupent

Perfect indicative
j'ai coupé
tu as coupé
il a coupé
nous avons coupé
vous avez coupé
ils ont coupé

Imperfect indicative
je coupais
tu coupais
il coupait
nous coupions
vous coupiez
ils coupaient

Pluperfect indicative
j'avais coupé
tu avais coupé
il avait coupé
nous avions coupé
vous aviez coupé
ils avaient coupé

Past historic
je coupai
tu coupas
il coupa
nous coupâmes
vous coupâtes
ils coupèrent

Present subjunctive
que je coupe
que tu coupes
qu'il coupe
que nous coupions
que vous coupiez
qu'ils coupent

Future
je couperai
tu couperas
il coupera
nous couperons
vous couperez
ils couperont

Conditional
je couperais
tu couperais
il couperait
nous couperions
vous couperiez
ils couperaient

TO DANCE *danser*
Present participle *dansant*
Past participle *dansé*
Imperative *danse, dansons, dansez*

Present indicative
je danse
tu danses
il danse
nous dansons
vous dansez
ils dansent

Perfect indicative
j'ai dansé
tu as dansé
il a dansé
nous avons dansé
vous avez dansé
ils ont dansé

Imperfect indicative
je dansais
tu dansais
il dansait
nous dansions
vous dansiez
ils dansaient

Pluperfect indicative
j'avais dansé
tu avais dansé
il avait dansé
nous avions dansé
vous aviez dansé
ils avaient dansé

Past historic
je dansai
tu dansas
il dansa
nous dansâmes
vous dansâtes
ils dansèrent

Present subjunctive
que je danse
que tu danses
qu'il danse
que nous dansions
que vous dansiez
qu'ils dansent

Future
je danserai
tu danseras
il dansera
nous danserons
vous danserez
ils danseront

Conditional
je danserais
tu danserais
il danserait
nous danserions
vous danseriez
ils danseraient

TO DEBATE *débattre*
Present participle *débattant*
Past participle *débattu*
Imperative *débats, débattons, débattez*

Present indicative
je débats
tu débats
il débat
nous débattons
vous débattez
ils débattent

Perfect indicative
j'ai débattu
tu as débattu
il a débattu
nous avons débattu
vous avez débattu
ils ont débattu

Imperfect indicative
je débattais
tu débattais
il débattait
nous débattions
vous débattiez
ils débattaient

Pluperfect indicative
j'avais débattu
tu avais débattu
il avait débattu
nous avions débattu
vous aviez débattu
ils avaient débattu

Past historic
je débattis
tu débattis
il débattit
nous débattîmes
vous débattîtes
ils débattirent

Present subjunctive
que je débatte
que tu débattes
qu'il débatte
que nous débattions
que vous débattiez
qu'ils débattent

Future
je débattrai
tu débattras
il débattra
nous débattrons
vous débattrez
ils débattront

Conditional
je débattrais
tu débattrais
il débattrait
nous débattrions
vous débattriez
ils débattraient

TO DECEIVE *abuser*
Present participle *abusant*
Past participle *abusé*
Imperative *abuse, abusons, abusez*

Present indicative
j'abuse
tu abuses
il abuse
nous abusons
vous abusez
ils abusent

Imperfect indicative
j'abusais
tu abusais
il abusait
nous abusions
vous abusiez
ils abusaient

Past historic
j'abusai
tu abusas
il abusa
nous abusâmes
vous abusâtes
ils abusèrent

Future
j'abuserai
tu abuseras
il abusera
nous abuserons
vous abuserez
ils abuseront

Perfect indicative
j'ai abusé
tu as abusé
il a abusé
nous avons abusé
vous avez abusé
ils ont abusé

Pluperfect indicative
j'avais abusé
tu avais abusé
il avait abusé
nous avions abusé
vous aviez abusé
ils avaient abusé

Present subjunctive
que j'abuse
que tu abuses
qu'il abuse
que nous abusions
que vous abusiez
qu'ils abusent

Conditional
j'abuserais
tu abuserais
il abuserait
nous abuserions
vous abuseriez
ils abuseraient

TO DECREASE *décroître*
Present participle *décroissant*
Past participle *décrû*
Imperative *décrois, décroissons, décroissez*

Present indicative
je décroîs
tu décroîs
il décroît
nous décroissons
vous décroissez
ils décroissent

Imperfect indicative
je décroissais
tu décroissais
il décroissait
nous décroissions
vous décroissiez
ils décroissaient

Past historic
je décrûs
tu décrûs
il décrût
nous décrûmes
vous décrûtes
ils décrûrent

Future
je décroîtrai
tu décroîtras
il décroîtra
nous décroîtrons
vous décroîtrez
ils décroîtront

Perfect indicative
j'ai décrû
tu as décrû
il a décrû
nous avons décrû
vous avez décrû
ils ont décrû

Pluperfect indicative
j'avais décrû
tu avais décrû
il avait décrû
nous avions décrû
vous aviez décrû
ils avaient décrû

Present subjunctive
que je décroisse
que tu décroisses
qu'il décroisse
que nous décroissions
que vous décroissiez
qu'ils décroissent

Conditional
je décroîtrais
tu décroîtrais
il décroîtrait
nous décroîtrions
vous décroîtriez
ils décroîtraient

TO DEDUCE *déduire*
Present participle *déduisant*
Past participle *déduit*
Imperative *déduis, déduisons, déduisez*

Present indicative
je déduis
tu déduis
il déduit
nous déduisons
vous déduisez
ils déduisent

Imperfect indicative
je déduisais
tu déduisais
il déduisait
nous déduisions
vous déduisiez
ils déduisaient

Past historic
je déduisis
tu déduisis
il déduisit
nous déduisîmes
vous déduisîtes
ils déduisirent

Future
je déduirai
tu déduiras
il déduira
nous déduirons
vous déduirez
ils déduiront

Perfect indicative
j'ai déduit
tu as déduit
il a déduit
nous avons déduit
vous avez déduit
ils ont déduit

Pluperfect indicative
j'avais déduit
tu avais déduit
il avait déduit
nous avions déduit
vous aviez déduit
ils avaient déduit

Present subjunctive
que je déduise
que tu déduises
qu'il déduise
que nous déduisions
que vous déduisiez
qu'ils déduisent

Conditional
je déduirais
tu déduirais
il déduirait
nous déduirions
vous déduiriez
ils déduiraient

TO DENY *démentir*
Present participle *démentant*
Past participle *démenti*
Imperative *démens, démentons, démentez*

Present indicative
je démens
tu démens
il dément
nous démentons
vous démentez
ils démentent

Imperfect indicative
je démentais
tu démentais
il démentait
nous démentions
vous démentiez
ils démentaient

Past historic
je démentis
tu démentis
il démentit
nous démentîmes
vous démentîtes
ils démentirent

Future
je démentirai
tu démentiras
il démentira
nous démentirons
vous démentirez
ils démentiront

Perfect indicative
j'ai démenti
tu as démenti
il a démenti
nous avons démenti
vous avez démenti
ils ont démenti

Pluperfect indicative
j'avais démenti
tu avais démenti
il avait démenti
nous avions démenti
vous aviez démenti
ils avaient démenti

Present subjunctive
que je démente
que tu démentes
qu'il démente
que nous démentions
que vous démentiez
qu'ils démentent

Conditional
je démentirais
tu démentirais
il démentirait
nous démentirions
vous démentiriez
ils démentiraient

TO DESCRIBE *décrire*
Present participle *décrivant*
Past participle *décrit*
Imperative *décris, décrivons, décrivez*

Present indicative
je décris
tu décris
il décrit
nous décrivons
vous décrivez
ils décrivent

Imperfect indicative
je décrivais
tu décrivais
il décrivait
nous décrivions
vous décriviez
ils décrivaient

Past historic
je décrivis
tu décrivis
il décrivit
nous décrivîmes
vous décrivites
ils décrivirent

Future
je décrirai
tu décriras
il décrira
nous décrirons
vous décrirez
ils décriront

Perfect indicative
j'ai décrit
tu as décrit
il a décrit
nous avons décrit
vous avez décrit
ils ont décrit

Pluperfect indicative
j'avais décrit
tu avais décrit
il avait décrit
nous avions décrit
vous aviez décrit
ils avaient décrit

Present subjunctive
que je décrive
que tu décrives
qu'il décrive
que nous décrivions
que vous décriviez
qu'ils décrivent

Conditional
je décrirais
tu décrirais
il décrirait
nous décririons
vous décririez
ils décriraient

TO DESTROY *détruire*
Present participle *détruisant*
Past participle *détruit*
Imperative *détruis, détruisons, détruisez*

Present indicative
je détruis
tu détruis
il détruit
nous détruisons
vous détruisez
ils détruisent

Imperfect indicative
je détruisais
tu détruisais
il détruisait
nous détruisions
vous détruisiez
ils détruisaient

Past historic
je détruisis
tu détruisis
il détruisit
nous détruisîmes
vous détruisîtes
ils détruisirent

Future
je détruirai
tu détruiras
il détruira
nous détruirons
vous détruirez
ils détruiront

Perfect indicative
j'ai détruit
tu as détruit
il a détruit
nous avons détruit
vous avez détruit
ils ont détruit

Pluperfect indicative
j'avais détruit
tu avais détruit
il avait détruit
nous avions détruit
vous aviez détruit
ils avaient détruit

Present subjunctive
que je détruise
que tu détruises
qu'il détruise
que nous détruisions
que vous détruisiez
qu'ils détruisent

Conditional
je détruirais
tu détruirais
il détruirait
nous détruirions
vous détruiriez
ils détruiraient

TO DETAIN *détenir*
Present participle *détenant*
Past participle *détenu*
Imperative *détiens, détenons, détenez*

Present indicative
je détiens
tu détiens
il détient
nous détenons
vous détenez
ils détiennent

Perfect indicative
j'ai détenu
tu as détenu
il a détenu
nous avons détenu
vous avez détenu
ils ont détenu

Imperfect indicative
je détenais
tu détenais
il détenait
nous détenions
vous déteniez
ils détenaient

Pluperfect indicative
j'avais détenu
tu avais détenu
il avait détenu
nous avions détenu
vous aviez détenu
ils avaient détenu

Past historic
je détins
tu détins
il détint
nous détînmes
vous détîntes
ils détinrent

Present subjunctive
que je détienne
que tu détiennes
qu'il détienne
que nous détenions
que vous déteniez
qu'ils détiennent

Future
je détiendrai
tu détiendras
il détiendra
nous détiendrons
vous détiendrez
ils détiendront

Conditional
je détiendrais
tu détiendrais
il détiendrait
nous détiendrions
vous détiendriez
ils détiendraient

TO DIE *mourir*
Present participle *mourant*
Past participle *mort*
Imperative *meurs, mourons, mourez*

Present indicative
je meurs
tu meurs
il meurt
nous mourons
vous mourez
ils meurent

Imperfect indicative
je mourais
tu mourais
il mourait
nous mourions
vous mouriez
ils mouraient

Past historic
je mourus
tu mourus
il mourut
nous mourûmes
vous mourûtes
ils moururent

Future
je mourrai
tu mourras
il mourra
nous mourrons
vous mourrez
ils mourront

Perfect indicative
je suis mort
tu es mort
il est mort
nous sommes morts
vous êtes morts
ils sont morts

Pluperfect indicative
j'étais mort
tu étais mort
il était mort
nous étions morts
vous étiez morts
ils étaient morts

Present subjunctive
que je meure
que tu meures
qu'il meure
que nous mourions
que vous mouriez
qu'ils meurent

Conditional
je mourrais
tu mourrais
il mourrait
nous mourrions
vous mourriez
ils mourraient

TO DISAPPEAR *disparaître*
Present participle *disparaissant*
Past participle *disparu*
Imperative *disparais, disparaissons, disparaissez*

Present indicative
je disparais
tu disparais
il disparaît
nous disparaissons
vous disparaissez
ils disparaissent

Perfect indicative
j'ai disparu
tu as disparu
il a disparu
nous avons disparu
vous avez disparu
ils ont disparu

Imperfect indicative
je disparaissais
tu disparaissais
il disparaissait
nous disparaissions
vous disparaissiez
ils disparaissaient

Pluperfect indicative
j'avais disparu
tu avais disparu
il avait disparu
nous avions disparu
vous aviez disparu
ils avaient disparu

Past historic
je disparus
tu disparus
il disparut
nous disparûmes
vous disparûtes
ils disparurent

Present subjunctive
que je disparaisse
que tu disparaisses
qu'il disparaisse
que nous disparaissions
que vous disparaissiez
qu'ils disparaissent

Future
je disparaîtrai
tu disparaîtras
il disparaîtra
nous disparaîtrons
vous disparaîtrez
ils disparaîtront

Conditional
je disparaîtrais
tu disparaîtrais
il disparaîtrait
nous disparaîtrions
vous disparaîtriez
ils disparaîtraient

TO DISAPPOINT *décevoir*
Present participle *décevant*
Past participle *déçu*
Imperative *déçois, décevons, décevez*

Present indicative
je déçois
tu déçois
il déçoit
nous décevons
vous décevez
ils déçoivent

Perfect indicative
j'ai déçu
tu as déçu
il a déçu
nous avons déçu
vous avez déçu
ils ont déçu

Imperfect indicative
je décevais
tu décevais
il décevait
nous décevions
vous déceviez
ils décevaient

Pluperfect indicative
j'avais déçu
tu avais déçu
il avait déçu
nous avions déçu
vous aviez déçu
ils avaient déçu

Past historic
je déçus
tu déçus
il déçut
nous déçûmes
vous déçûtes
ils déçurent

Present subjunctive
que je déçoive
que tu déçoives
qu'il déçoive
que nous décevions
que vous déceviez
qu'ils déçoivent

Future
je décevrai
tu décevras
il décevra
nous décevrons
vous décevrez
ils décevront

Conditional
je décevrais
tu décevrais
il décevrait
nous décevrions
vous décevriez
ils décevraient

TO DISCUSS *discuter*
Present participle *discutant*
Past participle *discuté*
Imperative *discute, discutons, discutez*

Present indicative
je discute
tu discutes
il discute
nous discutons
vous discutez
ils discutent

Imperfect indicative
je discutais
tu discutais
il discutait
nous discutions
vous discutiez
ils discutaient

Past historic
je discutai
tu discutas
il discuta
nous discutâmes
vous discutâtes
ils discutèrent

Future
je discuterai
tu discuteras
il discutera
nous discuterons
vous discuterez
ils discuteront

Perfect indicative
j'ai discuté
tu as discuté
il a discuté
nous avons discuté
vous avez discuté
ils ont discuté

Pluperfect indicative
j'avais discuté
tu avais discuté
il avait discuté
nous avions discuté
vous aviez discuté
ils avaient discuté

Present subjunctive
que je discute
que tu discutes
qu'il discute
que nous discutions
que vous discutiez
qu'ils discutent

Conditional
je discuterais
tu discuterais
il discuterait
nous discuterions
vous discuteriez
ils discuteraient

TO DISSOLVE *dissoudre*
Present participle *dissolvant*
Past participle *dissous* (*~soute*)
Imperative *dissous*, *dissolvons*, *dissolvez*

Present indicative
je dissous
tu dissous
il dissout
nous dissolvons
vous dissolvez
ils dissolvent

Perfect indicative
j'ai dissous
tu as dissous
il a dissous
nous avons dissous
vous avez dissous
ils ont dissous

Imperfect indicative
je dissolvais
tu dissolvais
il dissolvait
nous dissolvions
vous dissolviez
ils dissolvaient

Pluperfect indicative
j'avais dissous
tu avais dissous
il avait dissous
nous avions dissous
vous aviez dissous
ils avaient dissous

Past historic
—
—
—
—
—
—

Present subjunctive
que je dissolve
que tu dissolves
qu'il dissolve
que nous dissolvions
que vous dissolviez
qu'ils dissolvent

Future
je dissoudrai
tu dissoudras
il dissoudra
nous dissoudrons
vous dissoudrez
ils dissoudront

Conditional
je dissoudrais
tu dissoudrais
il dissoudrait
nous dissoudrions
vous dissoudriez
ils dissoudraient

TO DISTRACT *distraire*
Present participle *distrayant*
Past participle *distrait*
Imperative *distrais, distrayons, distrayez*

Present indicative
je distrais
tu distrais
il distrait
nous distrayons
vous distrayez
ils distraient

Perfect indicative
j'ai distrait
tu as distrait
il a distrait
nous avons distrait
vous avez distrait
ils ont distrait

Imperfect indicative
je distrayais
tu distrayais
il distrayait
nous distrayions
vous distrayiez
ils distrayaient

Pluperfect indicative
j'avais distrait
tu avais distrait
il avait distrait
nous avions distrait
vous aviez distrait
ils avaient distrait

Past historic
—
—
—
—
—
—

Present subjunctive
que je distraie
que tu distraies
qu'il distraie
que nous distrayions
que vous distrayiez
qu'ils distraient

Future
je distrairai
tu distrairas
il distraira
nous distrairons
vous distrairez
ils distrairont

Conditional
je distrairais
tu distrairais
il distrairait
nous distrairions
vous distrairiez
ils distrairaient

TO DO *faire*
Present participle *faisant*
Past participle *fait*
Imperative *fais, faisons, faites*

Present indicative
je fais
tu fais
il fait
nous faisons
vous faites
ils font

Imperfect indicative
je faisais
tu faisais
il faisait
nous faisions
vous faisiez
ils faisaient

Past historic
je fis
tu fis
il fit
nous fîmes
vous fîtes
ils firent

Future
je ferai
tu feras
il fera
nous ferons
vous ferez
ils feront

Perfect indicative
j'ai fait
tu as fait
il a fait
nous avons fait
vous avez fait
ils ont fait

Pluperfect indicative
j'avais fait
tu avais fait
il avait fait
nous avions fait
vous aviez fait
ils avaient fait

Present subjunctive
que je fasse
que tu fasses
qu'il fasse
que nous fassions
que vous fassiez
qu'ils fassent

Conditional
je ferais
tu ferais
il ferait
nous ferions
vous feriez
ils feraient

TO DRINK *boire*
Present participle *buvant*
Past participle *bu*
Imperative *bois, buvons, buvez*

Present indicative
je bois
tu bois
il boit
nous buvons
vous buvez
ils boivent

Perfect indicative
j'ai bu
tu as bu
il a bu
nous avons bu
vous avez bu
ils ont bu

Imperfect indicative
je buvais
tu buvais
il buvait
nous buvions
vous buviez
ils buvaient

Pluperfect indicative
j'avais bu
tu avais bu
il avait bu
nous avions bu
vous aviez bu
ils avaient bu

Past historic
je bus
tu bus
il but
nous bûmes
vous bûtes
ils burent

Present subjunctive
que je boive
que tu boives
qu'il boive
que nous buvions
que vous buviez
qu'ils boivent

Future
je boirai
tu boiras
il boira
nous boirons
vous boirez
ils boiront

Conditional
je boirais
tu boirais
il boirait
nous boirions
vous boiriez
ils boiraient

TO DRIVE *conduire*
Present participle *conduisant*
Past participle *conduit*
Imperative *conduis, conduisons, conduisez*

Present indicative
je conduis
tu conduis
il conduit
nous conduisons
vous conduisez
ils conduisent

Perfect indicative
j'ai conduit
tu as conduit
il a conduit
nous avons conduit
vous avez conduit
ils ont conduit

Imperfect indicative
je conduisais
tu conduisais
il conduisait
nous conduisions
vous conduisiez
ils conduisaient

Pluperfect indicative
j'avais conduit
tu avais conduit
il avait conduit
nous avions conduit
vous aviez conduit
ils avaient conduit

Past historic
je conduisis
tu conduisis
il conduisit
nous conduisîmes
vous conduisîtes
ils conduisirent

Present subjunctive
que je conduise
que tu conduises
qu'il conduise
que nous conduisions
que vous conduisiez
qu'ils conduisent

Future
je conduirai
tu conduiras
il conduira
nous conduirons
vous conduirez
ils conduiront

Conditional
je conduirais
tu conduirais
il conduirait
nous conduirions
vous conduiriez
ils conduiraient

TO DRIVE HOME *reconduire*
Present participle *reconduisant*
Past participle *reconduit*
Imperative *reconduis, reconduisons, reconduisez*

Present indicative
je reconduis
tu reconduis
il reconduit
nous reconduisons
vous reconduisez
ils reconduisent

Imperfect indicative
je reconduisais
tu reconduisais
il reconduisait
nous reconduisions
vous reconduisiez
ils reconduisaient

Past historic
je reconduisis
tu reconduisis
il reconduisit
nous reconduisîmes
vous reconduisîtes
ils reconduisirent

Future
je reconduirai
tu reconduiras
il reconduira
nous reconduirons
vous reconduirez
ils reconduiront

Perfect indicative
j'ai reconduit
tu as reconduit
il a reconduit
nous avons reconduit
vous avez reconduit
ils ont reconduit

Pluperfect indicative
j'avais reconduit
tu avais reconduit
il avait reconduit
nous avions reconduit
vous aviez reconduit
ils avaient reconduit

Present subjunctive
que je reconduise
que tu reconduises
qu'il reconduise
que nous reconduisions
que vous reconduisiez
qu'ils reconduisent

Conditional
je reconduirais
tu reconduirais
il reconduirait
nous reconduirions
vous reconduiriez
ils reconduiraient

TO EAT *manger*
Present participle *mangeant*
Past participle *mangé*
Imperative *mange, mangeons, mangez*

Present indicative
je mange
tu manges
il mange
nous mangeons
vous mangez
ils mangent

Perfect indicative
j'ai mangé
tu as mangé
il a mangé
nous avons mange
vous avez mangé
ils ont mangé

Imperfect indicative
je mangeais
tu mangeais
il mangeait
nous mangions
vous mangiez
ils mangeaient

Pluperfect indicative
j'avais mangé
tu avais mangé
il avait mangé
nous avions mangé
vous aviez mangé
ils avaient mangé

Past historic
je mangeai
tu mangeas
il mangea
nous mangeâmes
vous mangeâtes
ils mangèrent

Present subjunctive
que je mange
que tu manges
qu'il mange
que nous mangions
que vous mangiez
qu'ils mangent

Future
je mangerai
tu mangeras
il mangera
nous mangerons
vous mangerez
ils mangeront

Conditional
je mangerais
tu mangerais
il mangerait
nous mangerions
vous mangeriez
ils mangeraient

TO EDUCATE *instruire*
Present participle *instruisant*
Past participle *instruit*
Imperative *instruis, instruisons, instruisez*

Present indicative
j'instruis
tu instruis
il instruit
nous instruisons
vous instruisez
ils instruisent

Perfect indicative
j'ai instruit
tu as instruit
il a instruit
nous avons instruit
vous avez instruit
ils ont instruit

Imperfect indicative
j'instruisais
tu instruisais
il instruisait
nous instruisions
vous instruisiez
ils instruisaient

Pluperfect indicative
j'avais instruit
tu avais instruit
il avait instruit
nous avions instruit
vous aviez instruit
ils avaient instruit

Past historic
j'instruisis
tu instruisis
il instruisit
nous instruisîmes
vous instruisîtes
ils instruisirent

Present subjunctive
que j'instruise
que tu instruises
qu'il instruise
que nous instruisions
que vous instruisiez
qu'ils instruisent

Future
j'instruirai
tu instruiras
il instruira
nous instruirons
vous instruirez
ils instruiront

Conditional
j'instruirais
tu instruirais
il instruirait
nous instruirions
vous instruiriez
ils instruiraient

TO ELECT *élire*
Present participle *lisant*
Past participle *lu*
Imperative *lis, lisons, lisez*

Present indicative
j'élis
tu élis
il élit
nous élisons
vous élisez
ils élisent

Imperfect indicative
j'élisais
tu élisais
il élisait
nous élisions
vous élisiez
ils élisaient

Past historic
j'élus
tu élus
il élut
nous élûmes
vous élûtes
ils élurent

Future
j'élirai
tu éliras
il élira
nous élirons
vous élirez
ils éliront

Perfect indicative
j'ai élu
tu as élu
il a élu
nous avons élu
vous avez élu
ils ont élu

Pluperfect indicative
j'avais élu
tu avais élu
il avait élu
nous avions élu
vous aviez élu
ils avaient élu

Present subjunctive
que j'élise
que tu élises
qu'il élise
que nous élisions
que vous élisiez
qu'ils élisent

Conditional
j'élirais
tu élirais
il élirait
nous élirions
vous éliriez
ils éliraient

TO ENSURE *assurer*
Present participle *assurant*
Past participle *assuré*
Imperative *assure, assurons, assurez*

Present indicative
j'assure
tu assures
il assure
nous assurons
vous assurez
ils assurent

Imperfect indicative
j'assurais
tu assurais
il assurait
nous assurions
vous assuriez
ils assuraient

Past historic
j'assurai
tu assuras
il assura
nous assurâmes
vous assurâtes
ils assurèrent

Future
j'assurerai
tu assureras
il assurera
nous assurerons
vous assurerez
ils assureront

Perfect indicative
j'ai assuré
tu as assuré
il a assuré
nous avons assuré
vous avez assuré
ils ont assuré

Pluperfect indicative
j'avais assuré
tu avais assuré
il avait assuré
nous avions assuré
vous aviez assuré
ils avaient assuré

Present subjunctive
que j'assure
que tu assures
qu'il assure
que nous assurions
que vous assuriez
qu'ils assurent

Conditional
j'assurerais
tu assurerais
il assurerait
nous assurerions
vous assureriez
ils assureraient

TO EXCLUDE *exclure*
Present participle *excluant*
Past participle *exclu*
Imperative *exclus, excluons, excluez*

Present indicative
j'exclus
tu exclus
il exclut
nous excluons
vous excluez
ils excluent

Imperfect indicative
j'excluais
tu excluais
il excluait
nous excluions
vous excluiez
ils excluaient

Past historic
j'exclus
tu exclus
il exclut
nous exclûmes
vous exclûtes
ils exclurent

Future
j'exclurai
tu excluras
il exclura
nous exclurons
vous exclurez
ils excluront

Perfect indicative
j'ai exclu
tu as exclu
il a exclu
nous avons exclu
vous avez exclu
ils ont exclu

Pluperfect indicative
j'avais exclu
tu avais exclu
il avait exclu
nous avions exclu
vous aviez exclu
ils avaient exclu

Present subjunctive
que j'exclue
que tu exclues
qu'il exclue
que nous excluions
que vous excluiez
qu'ils excluent

Conditional
j'exclurais
tu exclurais
il exclurait
nous exclurions
vous excluriez
ils excluraient

TO EXPLAIN *expliquer*
Present participle *expliquant*
Past participle *expliqué*
Imperative *explique, expliquons, expliquez*

Present indicative
j'explique
tu expliques
il explique
nous expliquons
vous expliquez
ils expliquent

Perfect indicative
j'ai expliqué
tu as expliqué
il a expliqué
nous avons expliqué
vous avez expliqué
ils ont expliqué

Imperfect indicative
j'expliquais
tu expliquais
il expliquait
nous expliquions
vous expliquiez
ils expliquaient

Pluperfect indicative
j'avais expliqué
tu avais expliqué
il avait expliqué
nous avions expliqué
vous aviez expliqué
ils avaient expliqué

Past historic
j'expliquai
tu expliquas
il expliqua
nous expliquâmes
vous expliquâtes
ils expliquèrent

Present subjunctive
que j'explique
que tu expliques
qu'il explique
que nous expliquions
que vous expliquiez
qu'ils expliquent

Future
j'expliquerai
tu expliqueras
il expliquera
nous expliquerons
vous expliquerez
ils expliqueront

Conditional
j'expliquerais
tu expliquerais
il expliquerait
nous expliquerions
vous expliqueriez
ils expliqueraient

TO EXTRACT *extraire*
Present participle *extrayant*
Past participle *extrait*
Imperative *extrais, extrayons, extrayez*

Present indicative
j'extrais
tu extrais
il extrait
nous extrayons
vous extrayez
ils extraient

Imperfect indicative
j'extrayais
tu extrayais
il extrayait
nous extrayions
vous extrayiez
ils extrayaient

Past historic
—
—
—
—
—
—

Future
j'extrairai
tu extrairas
il extraira
nous extrairons
vous extrairez
ils extrairont

Perfect indicative
j'ai extrait
tu as extrait
il a extrait
nous avons extrait
vous avez extrait
ils ont extrait

Pluperfect indicative
j'avais extrait
tu avais extrait
il avait extrait
nous avions extrait
vous aviez extrait
ils avaient extrait

Present subjunctive
que j'extraie
que tu extraies
qu'il extraie
que nous extrayions
que vous extrayiez
qu'ils extraient

Conditional
j'extrairais
tu extrairais
il extrairait
nous extrairions
vous extrairiez
ils extrairaient

TO FALL DOWN *tomber*
Present participle *tombant*
Past participle *tombé*
Imperative *tombe, tombons, tombez*

Present indicative
je tombe
tu tombes
il tombe
nous tombons
vous tombez
ils tombent

Imperfect indicative
je tombais
tu tombais
il tombait
nous tombions
vous tombiez
ils tombaient

Past historic
je tombai
tu tombas
il tomba
nous tombâmes
vous tombâtes
ils tombèrent

Future
je tomberai
tu tomberas
il tombera
nous tomberons
vous tomberez
ils tomberont

Perfect indicative
je suis tombé
tu es tombé
il est tombé
nous sommes tombés
vous êtes tombés
ils sont tombés

Pluperfect indicative
j'étais tombé
tu étais tombé
il était tombé
nous étions tombés
vous étiez tombés
ils étaient tombés

Present subjunctive
que je tombe
que tu tombes
qu'il tombe
que nous tombions
que vous tombiez
qu'ils tombent

Conditional
je tomberais
tu tomberais
il tomberait
nous tomberions
vous tomberiez
ils tomberaient

TO FEAR *craindre*
Present participle *craignant*
Past participle *craint*
Imperative *crains, craignons, craignez*

Present indicative
je crains
tu crains
il craint
nous craignons
vous craignez
ils craignent

Imperfect indicative
je craignais
tu craignais
il craignait
nous craignions
vous craigniez
ils craignaient

Past historic
je craignis
tu craignis
il craignit
nous craignîmes
vous craignîtes
ils craignirent

Future
je craindrai
tu craindras
il craindra
nous craindrons
vous craindrez
ils craindront

Perfect indicative
j'ai craint
tu as craint
il a craint
nous avons craint
vous avez craint
ils ont craint

Pluperfect indicative
j'avais craint
tu avais craint
il avait craint
nous avions craint
vous aviez craint
ils avaient craint

Present subjunctive
que je craigne
que tu craignes
qu'il craigne
que nous craignions
que vous craigniez
qu'ils craignent

Conditional
je craindrais
tu craindrais
il craindrait
nous craindrions
vous craindriez
ils craindraient

TO FEEL *ressentir*
Present participle *ressentant*
Past participle *ressenti*
Imperative *ressens*, *ressentons*, *ressentez*

Present indicative
je ressens
tu ressens
il ressent
nous ressentons
vous ressentez
ils ressentent

Imperfect indicative
je ressentais
tu ressentais
il ressentait
nous ressentions
vous ressentiez
ils ressentaient

Past historic
je ressentis
tu ressentis
il ressentit
nous ressentîmes
vous ressentîtes
ils ressentirent

Future
je ressentirai
tu ressentiras
il ressentira
nous ressentirons
vous ressentirez
ils ressentiront

Perfect indicative
j'ai ressenti
tu as ressenti
il a ressenti
nous avons ressenti
vous avez ressenti
ils ont ressenti

Pluperfect indicative
j'avais ressenti
tu avais ressenti
il avait ressenti
nous avions ressenti
vous aviez ressenti
ils avaient ressenti

Present subjunctive
que je ressente
que tu ressentes
qu'il ressente
que nous ressentions
que vous ressentiez
qu'ils ressentent

Conditional
je ressentirais
tu ressentirais
il ressentirait
nous ressentirions
vous ressentiriez
ils ressentiraient

TO FIGHT *combattre*
Present participle *combattant*
Past participle *combattu*
Imperative *combats*, *combattons*, *combattez*

Present indicative
je combats
tu combats
il combat
nous combattons
vous combattez
ils combattent

Imperfect indicative
je combattais
tu combattais
il combattait
nous combattions
vous combattiez
ils combattaient

Past historic
je combattis
tu combattis
il combattit
nous combattîmes
vous combattîtes
ils combattirent

Future
je combattrai
tu combattras
il combattra
nous combattrons
vous combattrez
ils combattront

Perfect indicative
j'ai combattu
tu as combattu
il a combattu
nous avons combattu
vous avez combattu
ils ont combattu

Pluperfect indicative
j'avais combattu
tu avais combattu
il avait combattu
nous avions combattu
vous aviez combattu
ils avaient combattu

Present subjunctive
que je combatte
que tu combattes
qu'il combatte
que nous combattions
que vous combattiez
qu'ils combattent

Conditional
je combattrais
tu combattrais
il combattrait
nous combattrions
vous combattriez
ils combattraient

TO FINISH *finir*
Present participle *finissant*
Past participle *fini*
Imperative *finis, finissons, finissez*

Present indicative
je finis
tu finis
il finit
nous finissons
vous finissez
ils finissent

Imperfect indicative
je finissais
tu finissais
il finissait
nous finissions
vous finissiez
ils finissaient

Past historic
je finis
tu finis
il finit
nous finîmes
vous finîtes
ils finirent

Future
je finirai
tu finiras
il finira
nous finirons
vous finirez
ils finiront

Perfect indicative
j'ai fini
tu as fini
il a fini
nous avons fini
vous avez fini
ils ont fini

Pluperfect indicative
j'avais fini
tu avais fini
il avait fini
nous avions fini
vous aviez fini
ils avaient fini

Present subjunctive
que je finisse
que tu finisses
qu'il finisse
que nous finissions
que vous finissiez
qu'ils finissent

Conditional
je finirais
tu finirais
il finirait
nous finirions
vous finiriez
ils finiraient

TO FINISH *terminer*
Present participle *terminant*
Past participle *terminé*
Imperative *termine, terminons, terminez*

Present indicative
je termine
tu termines
il termine
nous terminons
vous terminez
ils terminent

Imperfect indicative
je terminais
tu terminais
il terminait
nous terminions
vous terminiez
ils terminaient

Past historic
je terminai
tu terminas
il termina
nous terminâmes
vous terminâtes
ils terminèrent

Future
je terminerai
tu termineras
il terminera
nous terminerons
vous terminerez
ils termineront

Perfect indicative
j'ai terminé
tu as terminé
il a terminé
nous avons terminé
vous avez terminé
ils ont terminé

Pluperfect indicative
j'avais terminé
tu avais terminé
il avait terminé
nous avions terminé
vous aviez terminé
ils avaient terminé

Present subjunctive
que je termine
que tu termines
qu'il termine
que nous terminions
que vous terminiez
qu'ils terminent

Conditional
je terminerais
tu terminerais
il terminerait
nous terminerions
vous termineriez
ils termineraient

TO FOLLOW *suivre*
Present participle *suivant*
Past participle *suivi*
Imperative *suis, suivons, suivez*

Present indicative
je suis
tu suis
il suit
nous suivons
vous suivez
ils suivent

Imperfect indicative
je suivais
tu suivais
il suivait
nous suivions
vous suiviez
ils suivaient

Past historic
je suivis
tu suivis
il suivit
nous suivîmes
vous suivîtes
ils suivirent

Future
je suivrai
tu suivras
il suivra
nous suivrons
vous suivrez
ils suivront

Perfect indicative
j'ai suivi
tu as suivi
il a suivi
nous avons suivi
vous avez suivi
ils ont suivi

Pluperfect indicative
j'avais suivi
tu avais suivi
il avait suivi
nous avions suivi
vous aviez suivi
ils avaient suivi

Present subjunctive
que je suive
que tu suives
qu'il suive
que nous suivions
que vous suiviez
qu'ils suivent

Conditional
je suivrais
tu suivrais
il suivrait
nous suivrions
vous suivriez
ils suivraient

TO FORBID *interdire*
Present participle *interdisant*
Past participle *interdit*
Imperative *interdis, interdisons, interdisez*

Present indicative
j'interdis
tu interdis
il interdit
nous interdisons
vous interdisez
ils interdisent

Imperfect indicative
j'interdisais
tu interdisais
il interdisait
nous interdisions
vous interdisiez
ils interdisaient

Past historic
j'interdis
tu interdis
il interdit
nous interdîmes
vous interdîtes
ils interdirent

Future
j'interdirai
tu interdiras
il interdira
nous interdirons
vous interdirez
ils interdiront

Perfect indicative
j'ai interdit
tu as interdit
il a interdit
nous avons interdit
vous avez interdit
ils ont interdit

Pluperfect indicative
j'avais interdit
tu avais interdit
il avait interdit
nous avions interdit
vous aviez interdit
ils avaient interdit

Present subjunctive
que j'interdise
que tu interdises
qu'il interdise
que nous interdisions
que vous interdisiez
qu'ils interdisent

Conditional
j'interdirais
tu interdirais
il interdirait
nous interdirions
vous interdiriez
ils interdiraient

TO FORESEE *prévoir*
Present participle *prévoyant*
Past participle *prévu*
Imperative *prévois, prévoyons, prévoyez*

Present indicative
je prévois
tu prévois
il prévoit
nous prévoyons
vous prévoyez
ils prévoient

Imperfect indicative
je prévoyais
tu prévoyais
il prévoyait
nous prévoyions
vous prévoyiez
ils prévoyaient

Past historic
je prévis
tu prévis
il prévit
nous prévîmes
vous prévîtes
ils prévirent

Future
je prévoirai
tu prévoiras
il prévoira
nous prévoirons
vous prévoirez
ils prévoiront

Perfect indicative
j'ai prévu
tu as prévu
il a prévu
nous avons prévu
vous avez prévu
ils ont prévu

Pluperfect indicative
j'avais prévu
tu avais prévu
il avait prévu
nous avions prévu
vous aviez prévu
ils avaient prévu

Present subjunctive
que je prévoie
que tu prévoies
qu'il prévoie
que nous prévoyions
que vous prévoyiez
qu'ils prévoient

Conditional
je prévoirais
tu prévoirais
il prévoirait
nous prévoirions
vous prévoiriez
ils prévoiraient

TO GET BACK TO *rejoindre*
Present participle *rejoignant*
Past participle *rejoint*
Imperative *rejoins*, *rejoignons*, *rejoignez*

Present indicative
je rejoins
tu rejoins
il rejoint
nous rejoignons
vous rejoignez
ils rejoignent

Imperfect indicative
je rejoignais
tu rejoignais
il rejoignait
nous rejoignions
vous rejoigniez
ils rejoignaient

Past historic
je rejoignis
tu rejoignis
il rejoignit
nous rejoignîmes
vous rejoignîtes
ils rejoignirent

Future
je rejoindrai
tu rejoindras
il rejoindra
nous rejoindrons
vous rejoindrez
ils rejoindront

Perfect indicative
j'ai rejoint
tu as rejoint
il a rejoint
nous avons rejoint
vous avez rejoint
ils ont rejoint

Pluperfect indicative
j'avais rejoint
tu avais rejoint
il avait rejoint
nous avions rejoint
vous aviez rejoint
ils avaient rejoint

Present subjunctive
que je rejoigne
que tu rejoignes
qu'il rejoigne
que nous rejoignions
que vous rejoigniez
qu'ils rejoignent

Conditional
je rejoindrais
tu rejoindrais
il rejoindrait
nous rejoindrions
vous rejoindriez
ils rejoindraient

TO GET DRESSED *s'habiller*
Present participle *s'habillant*
Past participle *habillé*
Imperative *habille-toi, habillons-nous, habillez-vous*

Present indicative
je m'habille
tu t'habilles
il s'habille
nous nous habillons
vous vous habillez
ils s'habillent

Imperfect indicative
je m'habillais
tu t'habillais
il s'habillait
nous nous habillions
vous vous habilliez
ils s'habillaient

Past historic
je m'habillai
tu t'habillas
il s'habilla
nous nous habillâmes
vous vous habillâtes
ils s'habillèrent

Future
je m'habillerai
tu t'habilleras
il s'habillera
nous nous habillerons
vous vous habillerez
ils s'habilleront

Perfect indicative
je me suis habillé
tu t'es habillé
il s'est habillé
nous nous sommes habillés
vous vous êtes habillés
ils se sont habillés

Pluperfect indicative
je m'étais habillé
tu t'étais habillé
il s'était habillé
nous nous étions habillés
vous vous étiez habillés
ils s'étaient habillés

Present subjunctive
que je m'habille
que tu t'habilles
qu'il s'habille
que nous nous habillions
que vous vous habilliez
qu'ils s'habillent

Conditional
je m'habillerais
tu t'habillerais
il s'habillerait
nous nous habillerions
vous vous habilleriez
ils s'habilleraient

TO GET UP *se lever*
Present participle *se levant*
Past participle *levé*
Imperative *lève-toi, levons-nous, levez-vous*

Present indicative
je me lève
tu te lèves
il se lève
nous nous levons
vous vous levez
ils se lèvent

Imperfect indicative
je me levais
tu te levais
il se levait
nous nous levions
vous vous leviez
ils se levaient

Past historic
je me levai
tu te levas
il se leva
nous nous levâmes
vous vous levâtes
ils se levèrent

Future
je me lèverai
tu te lèveras
il se lèvera
nous nous lèverons
vous vous lèverez
ils se lèveront

Perfect indicative
je me suis levé
tu t'es levé
il s'est levé
nous nous sommes levés
vous vous êtes levés
ils se sont levés

Pluperfect indicative
je m'étais levé
tu t'étais levé
il s'était levé
nous nous étions levés
vous vous étiez levés
ils s'étaient levés

Present subjunctive
queje me lève
que tu te lèves
qu'il se lève
que nous nous levions
que vous vous leviez
qu'ils se lèvent

Conditional
je me lèverais
tu te lèverais
il se lèverait
nous nous lèverions
vous vous lèveriez
ils se lèveraient

TO GIVE *donner*
Present participle *donnant*
Past participle *donné*
Imperative *donne, donnons, donnez*

Present indicative
je donne
tu donnes
il donne
nous donnons
vous donnez
ils donnent

Imperfect indicative
je donnais
tu donnais
il donnait
nous donnions
vous donniez
ils donnaient

Past historic
je donnai
tu donnas
il donna
nous donnâmes
vous donnâtes
ils donnèrent

Future
je donnerai
tu donneras
il donnera
nous donnerons
vous donnerez
ils donneront

Perfect indicative
j'ai donné
tu as donné
il a donné
nous avons donné
vous avez donné
ils ont donné

Pluperfect indicative
j'avais donné
tu avais donné
il avait donné
nous avions donné
vous aviez donné
ils avaient donné

Present subjunctive
que je donne
que tu donnes
qu'il donne
que nous donnions
que vous donniez
qu'ils donnent

Conditional
je donnerais
tu donnerais
il donnerait
nous donnerions
vous donneriez
ils donneraient

TO GIVE BACK *rendre*
Present participle *rendant*
Past participle *rendu*
Imperative *rends, rendons, rendez*

Present indicative
je rends
tu rends
il rend
nous rendons
vous rendez
ils rendent

Imperfect indicative
je rendais
tu rendais
il rendait
nous rendions
vous rendiez
ils rendaient

Past historic
je rendis
tu rendis
il rendit
nous rendîmes
vous rendîtes
ils rendirent

Future
je rendrai
tu rendras
il rendra
nous rendrons
vous rendrez
ils rendront

Perfect indicative
j'ai rendu
tu as rendu
il a rendu
nous avons rendu
vous avez rendu
ils ont rendu

Pluperfect indicative
j'avais rendu
tu avais rendu
il avait rendu
nous avions rendu
vous aviez rendu
ils avaient rendu

Present subjunctive
que je rende
que tu rendes
qu'il rende
que nous rendions
que vous rendiez
qu'ils rendent

Conditional
je rendrais
tu rendrais
il rendrait
nous rendrions
vous rendriez
ils rendraient

TO GO *aller*
Present participle *allant*
Past participle *allé*
Imperative *va, allons, allez*

Present indicative
je vais
tu vas
il va
nous allons
vous allez
ils vont

Imperfect indicative
j'allais
tu allais
il allait
nous allions
vous alliez
ils allaient

Past historic
j'allai
tu allas
il alla
nous allâmes
vous allâtes
ils allèrent

Future
j'irai
tu iras
il ira
nous irons
vous irez
ils iront

Perfect indicative
je suis allé
tu es allé
il est allé
nous sommes allés
vous êtes allés
ils sont allés

Pluperfect indicative
j'étais allé
tu étais allé
il était allé
nous étions allés
vous étiez allés
ils étaient allés

Present subjunctive
que j'aille
que tu ailles
qu'il aille
que nous allions
que vous alliez
qu'ils aillent

Conditional
j'irais
tu irais
il irait
nous irions
vous iriez
ils iraient

TO GO DOWN *descendre*
Present participle *descendant*
Past participle *descendu*
Imperative *descends, descendons, descendez*

Present indicative
je descends
tu descends
il descend
nous descendons
vous descendez
ils descendent

Perfect indicative
je suis descendu
tu es descendu
il est descendu
nous sommes descendus
vous êtes descendus
ils sont descendus

Imperfect indicative
je descendais
tu descendais
il descendait
nous descendions
vous descendiez
ils descendaient

Pluperfect indicative
j'étais descendu
tu étais descendu
il était descendu
nous étions descendus
vous étiez descendus
ils étaient descendus

Past historic
je descendis
tu descendis
il descendit
nous descendîmes
vous descendîtes
ils descendirent

Present subjunctive
que je descende
que tu descendes
qu'il descende
que nous descendions
que vous descendiez
qu'ils descendent

Future
je descendrai
tu descendras
il descendra
nous descendrons
vous descendrez
ils descendront

Conditional
je descendrais
tu descendrais
il descendrait
nous descendrions
vous descendriez
ils descendraient

TO GO IN *entrer*
Present participle *entrant*
Past participle *entré*
Imperative *entre, entrons, entrez*

Present indicative
j'entre
tu entres
il entre
nous entrons
vous entrez
ils entrent

Imperfect indicative
j'entrais
tu entrais
il entrait
nous entrions
vous entriez
ils entraient

Past historic
j'entrai
tu entras
il entra
nous entrâmes
vous entrâtes
ils entrèrent

Future
j'entrerai
tu entreras
il entrera
nous entrerons
vous entrerez
ils entreront

Perfect indicative
je suis entré
tu es entré
il est entré
nous sommes entrés
vous êtes entrés
ils sont entrés

Pluperfect indicative
j'étais entré
tu étais entré
il était entré
nous étions entrés
vous étiez entrés
ils étaient entrés

Present subjunctive
que j'entre
que tu entres
qu'il entre
que nous entrions
que vous entriez
qu'ils entrent

Conditional
j'entrerais
tu entrerais
il entrerait
nous entrerions
vous entreriez
ils entreraient

TO GO OFF *partir*
Present participle *partant*
Past participle *parti*
Imperative *pars, partons, partez*

Present indicative
je pars
tu pars
il part
nous partons
vous partez
ils partent

Imperfect indicative
je partais
tu partais
il partait
nous partions
vous partiez
ils partaient

Past historic
je partis
tu partis
il partit
nous partîmes
vous partîtes
ils partirent

Future
je partirai
tu partiras
il partira
nous partirons
vous partirez
ils partiront

Perfect indicative
je suis parti
tu es parti
il est parti
nous sommes partis
vous êtes partis
ils sont partis

Pluperfect indicative
j'étais parti
tu étais parti
il était parti
nous étions partis
vous étiez partis
ils étaient partis

Present subjunctive
que je parte
que tu partes
qu'il parte
que nous partions
que vous partiez
qu'ils partent

Conditional
je partirais
tu partirais
il partirait
nous partirions
vous partiriez
ils partiraient

TO GO ON *continuer*
Present participle *continuant*
Past participle *continué*
Imperative *continue, continuons, continuez*

Present indicative
je continue
tu continues
il continue
nous continuons
vous continuez
ils continuent

Imperfect indicative
je continuais
tu continuais
il continuait
nous continuions
vous continuiez
ils continuaient

Past historic
je continuai
tu continuas
il continua
nous continuâmes
vous continuâtes
ils continuèrent

Future
je continuerai
tu continueras
il continuera
nous continuerons
vous continuerez
ils continueront

Perfect indicative
j'ai continué
tu as continué
il a continué
nous avons continué
vous avez continué
ils ont continué

Pluperfect indicative
j'avais continué
tu avais continué
il avait continué
nous avions continué
vous aviez continué
ils avaient continué

Present subjunctive
que je continue
que tu continues
qu'il continue
que nous continuions
que vous continuiez
qu'ils continuent

Conditional
je continuerais
tu continuerais
il continuerait
nous continuerions
vous continueriez
ils continueraient

TO GO OUT *sortir*
Present participle *sortant*
Past participle *sorti*
Imperative *sors*, *sortons*, *sortez*

Present indicative
je sors
tu sors
il sort
nous sortons
vous sortez
ils sortent

Imperfect indicative
je sortais
tu sortais
il sortait
nous sortions
vous sortiez
ils sortaient

Past historic
je sortis
tu sortis
il sortit
nous sortîmes
vous sortîtes
ils sortirent

Future
je sortirai
tu sortiras
il sortira
nous sortirons
vous sortirez
ils sortiront

Perfect indicative
je suis sorti
tu es sorti
il est sorti
nous sommes sortis
vous êtes sortis
ils sont sortis

Pluperfect indicative
j'étais sorti
tu étais sorti
il était sorti
nous étions sortis
vous étiez sortis
ils étaient sortis

Present subjunctive
que je sorte
que tu sortes
qu'il sorte
que nous sortions
que vous sortiez
qu'ils sortent

Conditional
je sortirais
tu sortirais
il sortirait
nous sortirions
vous sortiriez
ils sortiraient

TO GRIND *moudre*
Present participle *moulant*
Past participle *moulu*
Imperative *mouds, moulons, moulez*

Present indicative
je mouds
tu mouds
il moud
nous moulons
vous moulez
ils moulent

Imperfect indicative
je moulais
tu moulais
il moulait
nous moulions
vous mouliez
ils moulaient

Past historic
je moulus
tu moulus
il moulut
nous moulûmes
vous moulûtes
ils moulurent

Future
je moudrai
tu moudras
il moudra
nous moudrons
vous moudrez
ils moudront

Perfect indicative
j'ai moulu
tu as moulu
il a moulu
nous avons moulu
vous avez moulu
ils ont moulu

Pluperfect indicative
j'avais moulu
tu avais moulu
il avait moulu
nous avions moulu
vous aviez moulu
ils avaient moulu

Present subjunctive
que je moule
que tu moules
qu'il moule
que nous moulions
que vous mouliez
qu'ils moulent

Conditional
je moudrais
tu moudrais
il moudrait
nous moudrions
vous moudriez
ils moudraient

TO GROW *croître*
Present participle *croissant*
Past participle *crû*
Imperative *croîs*, *croissons*, *croissez*

Present indicative
je croîs
tu croîs
il croît
nous croissons
vous croissez
ils croissent

Perfect indicative
j'ai crû
tu as crû
il a crû
nous avons crû
vous avez crû
ils ont crû

Imperfect indicative
je croissais
tu croissais
il croissait
nous croissions
vous croissiez
ils croissaient

Pluperfect indicative
j'avais crû
tu avais crû
il avait crû
nous avions crû
vous aviez crû
ils avaient crû

Past historic
je crûs
tu crûs
il crût
nous crûmes
vous crûtes
ils crûrent

Present subjunctive
que je croisse
que tu croisses
qu'il croisse
que nous croissions
que vous croissiez
qu'ils croissent

Future
je croîtrai
tu croîtras
il croîtra
nous croîtrons
vous croîtrez
ils croîtront

Conditional
je croîtrais
tu croîtrais
il croîtrait
nous croîtrions
vous croîtriez
ils croîtraient

TO HARM *nuire*
Present participle *nuisant*
Past participle *nui*
Imperative *nuis, nuisons, nuisez*

Present indicative
je nuis
tu nuis
il nuit
nous nuisons
vous nuisez
ils nuisent

Perfect indicative
j'ai nui
tu as nui
il a nui
nous avons nui
vous avez nui
ils ont nui

Imperfect indicative
je nuisais
tu nuisais
il nuisait
nous nuisions
vous nuisiez
ils nuisaient

Pluperfect indicative
j'avais nui
tu avais nui
il avait nui
nous avions nui
vous aviez nui
ils avaient nui

Past historic
je nuisis
tu nuisis
il nuisit
nous nuisîmes
vous nuisîtes
ils nuisirent

Present subjunctive
que je nuise
que tu nuises
qu'il nuise
que nous nuisions
que vous nuisiez
qu'ils nuisent

Future
je nuirai
tu nuiras
il nuira
nous nuirons
vous nuirez
ils nuiront

Conditional
je nuirais
tu nuirais
il nuirait
nous nuirions
vous nuiriez
ils nuiraient

TO HATE *haïr*
Present participle *haïssant*
Past participle *haï*
Imperative *hais, haïssons, haïssez*

Present indicative
je hais
tu hais
il hait
nous haïssons
vous haïssez
ils haïssent

Perfect indicative
j'ai haï
tu as haï
il a haï
nous avons haï
vous avez haï
ils ont haï

Imperfect indicative
je haïssais
tu haïssais
il haïssait
nous haïssions
vous haïssiez
ils haïssaient

Pluperfect indicative
j'avais haï
tu avais haï
il avait haï
nous avions haï
vous aviez haï
ils avaient haï

Past historic
je haïs
tu haïs
il haït
nous haïmes
vous haïtes
ils haïrent

Present subjunctive
que je haïsse
que tu haïsses
qu'il haïsse
que nous haïssions
que vous haïssiez
qu'ils haïssent

Future
je haïrai
tu haïras
il haïra
nous haïrons
vous haïrez
ils haïront

Conditional
je haïrais
tu haïrais
il haïrait
nous haïrions
vous haïriez
ils haïraient

TO HAVE *avoir*
Present participle *ayant*
Past participle *eu*
Imperative *aie, ayons, ayez*

Present indicative
j'ai
tu as
il a
nous avons
vous avez
ils ont

Perfect indicative
j'ai eu
tu as eu
il a eu
nous avons eu
vous avez eu
ils ont eu

Imperfect indicative
j'avais
tu avais
il avait
nous avions
vous aviez
ils avaient

Pluperfect indicative
j'avais eu
tu avais eu
il avait eu
nous avions eu
vous aviez eu
ils avaient eu

Past historic
j'eus
tu eus
il eut
nous eûmes
vous eûtes
ils eurent

Present subjunctive
que j'aie
que tu aies
qu'il ait
que nous ayons
que vous ayez
qu'ils aient

Future
j'aurai
tu auras
il aura
nous aurons
vous aurez
ils auront

Conditional
j'aurais
tu aurais
il aurait
nous aurions
vous auriez
ils auraient

TO HEAR *entendre*
Present participle *entendant*
Past participle *entendu*
Imperative *entends, entendons, entendez*

Present indicative
j'entends
tu entends
il entend
nous entendons
vous entendez
ils entendent

Imperfect indicative
j'entendais
tu entendais
il entendait
nous entendions
vous entendiez
ils entendaient

Past historic
j'entendis
tu entendis
il entendit
nous entendîmes
vous entendîtes
ils entendirent

Future
j'entendrai
tu entendras
il entendra
nous entendrons
vous entendrez
ils entendront

Perfect indicative
j'ai entendu
tu as entendu
il a entendu
nous avons entendu
vous avez entendu
ils ont entendu

Pluperfect indicative
j'avais entendu
tu avais entendu
il avait entendu
nous avions entendu
vous aviez entendu
ils avaient entendu

Present subjunctive
que j'entende
que tu entendes
qu'il entende
que nous entendions
que vous entendiez
qu'ils entendent

Conditional
j'entendrais
tu entendrais
il entendrait
nous entendrions
vous entendriez
ils entendraient

TO HIDE *cacher*
Present participle *cachant*
Past participle *caché*
Imperative *cache, cachons, cachez*

Present indicative
je cache
tu caches
il cache
nous cachons
vous cachez
ils cachent

Imperfect indicative
je cachais
tu cachais
il cachait
nous cachions
vous cachiez
ils cachaient

Past historic
je cachai
tu cachas
il cacha
nous cachâmes
vous cachâtes
ils cachèrent

Future
je cacherai
tu cacheras
il cachera
nous cacherons
vous cacherez
ils cacheront

Perfect indicative
j'ai caché
tu as caché
il a caché
nous avons caché
vous avez caché
ils ont caché

Pluperfect indicative
j'avais caché
tu avais caché
il avait caché
nous avions caché
vous aviez caché
ils avaient caché

Present subjunctive
que je cache
que tu caches
qu'il cache
que nous cachions
que vous cachiez
qu'ils cachent

Conditional
je cacherais
tu cacherais
il cacherait
nous cacherions
vous cacheriez
ils cacheraient

TO HIT *frapper*
Present participle *frappant*
Past participle *frappé*
Imperative *frappe, frappons, frappez*

Present indicative
je frappe
tu frappes
il frappe
nous frappons
vous frappez
ils frappent

Imperfect indicative
je frappais
tu frappais
il frappait
nous frappions
vous frappiez
ils frappaient

Past historic
je frappai
tu frappas
il frappa
nous frappâmes
vous frappâtes
ils frappèrent

Future
je frapperai
tu frapperas
il frappera
nous frapperons
vous frapperez
ils frapperont

Perfect indicative
j'ai frappé
tu as frappé
il a frappé
nous avons frappé
vous avez frappé
ils ont frappé

Pluperfect indicative
j'avais frappé
tu avais frappé
il avait frappé
nous avions frappé
vous aviez frappé
ils avaient frappé

Present subjunctive
que je frappe
que tu frappes
qu'il frappe
que nous frappions
que vous frappiez
qu'ils frappent

Conditional
je frapperais
tu frapperais
il frapperait
nous frapperions
vous frapperiez
ils frapperaient

TO HOLD *tenir*
Present participle *tenant*
Past participle *tenu*
Imperative *tiens, tenons, tenez*

Present indicative
je tiens
tu tiens
il tient
nous tenons
vous tenez
ils tiennent

Imperfect indicative
je tenais
tu tenais
il tenait
nous tenions
vous teniez
ils tenaient

Past historic
je tins
tu tins
il tint
nous tînmes
vous tîntes
ils tinrent

Future
je tiendrai
tu tiendras
il tiendra
nous tiendrons
vous tiendrez
ils tiendront

Perfect indicative
j'ai tenu
tu as tenu
il a tenu
nous avons tenu
vous avez tenu
ils ont tenu

Pluperfect indicative
j'avais tenu
tu avais tenu
il avait tenu
nous avions tenu
vous aviez tenu
ils avaient tenu

Present subjunctive
que je tienne
que tu tiennes
qu'il tienne
que nous tenions
que vous teniez
qu'ils tiennent

Conditional
je tiendrais
tu tiendrais
il tiendrait
nous tiendrions
vous tiendriez
ils tiendraient

TO IGNORE *ignorer*
Present participle *ignorant*
Past participle *ignoré*
Imperative *ignore, ignorons, ignorez*

Present indicative
j'ignore
tu ignores
il ignore
nous ignorons
vous ignorez
ils ignorent

Imperfect indicative
j'ignorais
tu ignorais
il ignorait
nous ignorions
vous ignoriez
ils ignoraient

Past historic
j'ignorai
tu ignoras
il ignora
nous ignorâmes
vous ignorâtes
ils ignorèrent

Future
j'ignorerai
tu ignoreras
il ignorera
nous ignorerons
vous ignorerez
ils ignoreront

Perfect indicative
j'ai ignoré
tu as ignoré
il a ignoré
nous avons ignoré
vous avez ignoré
ils ont ignoré

Pluperfect indicative
j'avais ignoré
tu avais ignoré
il avait ignoré
nous avions ignoré
vous aviez ignoré
ils avaient ignoré

Present subjunctive
que j'ignore
que tu ignores
qu'il ignore
que nous ignorions
que vous ignoriez
qu'ils ignorent

Conditional
j'ignorerais
tu ignorerais
il ignorerait
nous ignorerions
vous ignoreriez
ils ignoreraient

TO INCLUDE *inclure*
Present participle *incluant*
Past participle *inclu*
Imperative *inclus*, *incluons*, *incluez*

Present indicative
j'inclus
tu inclus
il inclut
nous incluons
vous incluez
ils incluent

Imperfect indicative
j'incluais
tu incluais
il incluait
nous incluions
vous incluiez
ils incluaient

Past historic
j'inclus
tu inclus
il inclut
nous inclûmes
vous inclûtes
ils inclurent

Future
j'inclurai
tu incluras
il inclura
nous inclurons
vous inclurez
ils incluront

Perfect indicative
j'ai inclu
tu as inclu
il a inclu
nous avons inclu
vous avez inclu
ils ont inclu

Pluperfect indicative
j'avais inclu
tu avais inclu
il avait inclu
nous avions inclu
vous aviez inclu
ils avaient inclu

Present subjunctive
que j'inclue
que tu inclues
qu'il inclue
que nous incluions
que vous incluiez
qu'ils incluent

Conditional
j'inclurais
tu inclurais
il inclurait
nous inclurions
vous incluriez
ils incluraient

TO INCREASE *augmenter*
Present participle *augmentant*
Past participle *augmenté*
Imperative *augmente, augmentons, augmentez*

Present indicative
j'augmente
tu augmentes
il augmente
nous augmentons
vous augmentez
ils augmentent

Imperfect indicative
j'augmentais
tu augmentais
il augmentait
nous augmentions
vous augmentiez
ils augmentaient

Past historic
j'augmentai
tu augmentas
il augmenta
nous augmentâmes
vous augmentâtes
ils augmentèrent

Future
j'augmenterai
tu augmenteras
il augmentera
nous augmenterons
vous augmenterez
ils augmenteront

Perfect indicative
j'ai augmenté
tu as augmenté
il a augmenté
nous avons augmenté
vous avez augmenté
ils ont augmenté

Pluperfect indicative
j'avais augmenté
tu avais augmenté
il avait augmenté
nous avions augmenté
vous aviez augmenté
ils avaient augmenté

Present subjunctive
que j'augmente
que tu augmentes
qu'il augmente
que nous augmentions
que vous augmentiez
qu'ils augmentent

Conditional
j'augmenterais
tu augmenterais
il augmenterait
nous augmenterions
vous augmenteriez
ils augmenteraient

TO INJURE *blesser*
Present participle *blessant*
Past participle *blessé*
Imperative *blesse, blessons, blessez*

Present indicative
je blesse
tu blesses
il blesse
nous blessons
vous blessez
ils blessent

Imperfect indicative
je blessais
tu blessais
il blessait
nous blessions
vous blessiez
ils blessaient

Past historic
je blessai
tu blessas
il blessa
nous blessâmes
vous blessâtes
ils blessèrent

Future
je blesserai
tu blesseras
il blessera
nous blesserons
vous blesserez
ils blesseront

Perfect indicative
j'ai blessé
tu as blessé
il a blessé
nous avons blessé
vous avez blessé
ils ont blessé

Pluperfect indicative
j'avais blessé
tu avais blessé
il avait blessé
nous avions blessé
vous aviez blessé
ils avaient blessé

Present subjunctive
que je blesse
que tu blesses
qu'il blesse
que nous blessions
que vous blessiez
qu'ils blessent

Conditional
je blesserais
tu blesserais
il blesserait
nous blesserions
vous blesseriez
ils blesseraient

TO INTRODUCE *introduire*
Present participle *introduisant*
Past participle *introduit*
Imperative *introduis, introduisons, introduisez*

Present indicative
j'introduis
tu introduis
il introduit
nous introduisons
vous introduisez
ils introduisent

Imperfect indicative
j'introduisais
tu introduisais
il introduisait
nous introduisions
vous introduisiez
ils introduisaient

Past historic
j'introduisis
tu introduisis
il introduisit
nous introduisîmes
vous introduisîtes
ils introduisirent

Future
j'introduirai
tu introduiras
il introduira
nous introduirons
vous introduirez
ils introduiront

Perfect indicative
j'ai introduit
tu as introduit
il a introduit
nous avons introduit
vous avez introduit
ils ont introduit

Pluperfect indicative
j'avais introduit
tu avais introduit
il avait introduit
nous avions introduit
vous aviez introduit
ils avaient introduit

Present subjunctive
que j'introduise
que tu introduises
qu'il introduise
que nous introduisions
que vous introduisiez
qu'ils introduisent

Conditional
j'introduirais
tu introduirais
il introduirait
nous introduirions
vous introduiriez
ils introduiraient

TO JOIN *joindre*
Present participle *joignant*
Past participle *joint*
Imperative *joins, joignons, joignez*

Present indicative
je joins
tu joins
il joint
nous joignons
vous joignez
ils joignent

Perfect indicative
j'ai joint
tu as joint
il a joint
nous avons joint
vous avez joint
ils ont joint

Imperfect indicative
je joignais
tu joignais
il joignait
nous joignions
vous joigniez
ils joignaient

Pluperfect indicative
j'avais joint
tu avais joint
il avait joint
nous avions joint
vous aviez joint
ils avaient joint

Past historic
je joignis
tu joignis
il joignit
nous joignîmes
vous joignîtes
ils joignirent

Present subjunctive
que je joigne
que tu joignes
qu'il joigne
que nous joignions
que vous joigniez
qu'ils joignent

Future
je joindrai
tu joindras
il joindra
nous joindrons
vous joindrez
ils joindront

Conditional
je joindrais
tu joindrais
il joindrait
nous joindrions
vous joindriez
ils joindraient

TO KEEP *garder*
Present participle *gardant*
Past participle *gardé*
Imperative *garde, gardons, gardez*

Present indicative
je garde
tu gardes
il garde
nous gardons
vous gardez
ils gardent

Perfect indicative
j'ai gardé
tu as gardé
il a gardé
nous avons gardé
vous avez gardé
ils ont gardé

Imperfect indicative
je gardais
tu gardais
il gardait
nous gardions
vous gardiez
ils gardaient

Pluperfect indicative
j'avais gardé
tu avais gardé
il avait gardé
nous avions gardé
vous aviez gardé
ils avaient gardé

Past historic
je gardai
tu gardas
il garda
nous gardâmes
vous gardâtes
ils gardèrent

Present subjunctive
que je garde
que tu gardes
qu'il garde
que nous gardions
que vous gardiez
qu'ils gardent

Future
je garderai
tu garderas
il gardera
nous garderons
vous garderez
ils garderont

Conditional
je garderais
tu garderais
il garderait
nous garderions
vous garderiez
ils garderaient

TO KNOW *savoir*
Present participle *sachant*
Past participle *su*
Imperative *sache, sachons, sachez*

Present indicative
je sais
tu sais
il sait
nous savons
vous savez
ils savent

Imperfect indicative
je savais
tu savais
il savait
nous savions
vous saviez
ils savaient

Past historic
je sus
tu sus
il sut
nous sûmes
vous sûtes
ils surent

Future
je saurai
tu sauras
il saura
nous saurons
vous saurez
ils sauront

Perfect indicative
j'ai su
tu as su
il a su
nous avons su
vous avez su
ils ont su

Pluperfect indicative
j'avais su
tu avais su
il avait su
nous avions su
vous aviez su
ils avaient su

Present subjunctive
que je sache
que tu saches
qu'il sache
que nous sachions
que vous sachiez
qu'ils sachent

Conditional
je saurais
tu saurais
il saurait
nous saurions
vous sauriez
ils sauraient

TO KNOW (PERSON, PLACE) *connaître*
Present participle *connaissant*
Past participle *connu*
Imperative *connais, connaissons, connaissez*

Present indicative
je connais
tu connais
il connaît
nous connaissons
vous connaissez
ils connaissent

Imperfect indicative
je connaissais
tu connaissais
il connaissait
nous connaissions
vous connaissiez
ils connaissaient

Past historic
je connus
tu connus
il connut
nous connûmes
vous connûtes
ils connurent

Future
je connaîtrai
tu connaîtras
il connaîtra
nous connaîtrons
vous connaîtrez
ils connaîtront

Perfect indicative
j'ai connu
tu as connu
il a connu
nous avons connu
vous avez connu
ils ont connu

Pluperfect indicative
j'avais connu
tu avais connu
il avait connu
nous avions connu
vous aviez connu
ils avaient connu

Present subjunctive
que je connaisse
que tu connaisses
qu'il connaisse
que nous connaissions
que vous connaissiez
qu'ils connaissent

Conditional
je connaîtrais
tu connaîtrais
il connaîtrait
nous connaîtrions
vous connaîtriez
ils connaîtraient

TO LAST *durer*
Present participle *durant*
Past participle *duré*
Imperative *dure, durons, durez*

Present indicative
je dure
tu dures
il dure
nous durons
vous durez
ils durent

Perfect indicative
j'ai duré
tu as duré
il a duré
nous avons duré
vous avez duré
ils ont duré

Imperfect indicative
je durais
tu durais
il durait
nous durions
vous duriez
ils duraient

Pluperfect indicative
j'avais duré
tu avais duré
il avait duré
nous avions duré
vous aviez duré
ils avaient duré

Past historic
je durai
tu duras
il dura
nous durâmes
vous durâtes
ils durèrent

Present subjunctive
que je dure
que tu dures
qu'il dure
que nous durions
que vous duriez
qu'ils durent

Future
je durerai
tu dureras
il durera
nous durerons
vous durerez
ils dureront

Conditional
je durerais
tu durerais
il durerait
nous durerions
vous dureriez
ils dureraient

TO LAUGH *rire*
Present participle *riant*
Past participle *ri*
Imperative *ris, rions, riez*

Present indicative
je ris
tu ris
il rit
nous rions
vous riez
ils rient

Perfect indicative
j'ai ri
tu as ri
il a ri
nous avons ri
vous avez ri
ils ont ri

Imperfect indicative
je riais
tu riais
il riait
nous riions
vous riiez
ils riaient

Pluperfect indicative
j'avais ri
tu avais ri
il avait ri
nous avions ri
vous aviez ri
ils avaient ri

Past historic
je ris
tu ris
il rit
nous rîmes
vous rîtes
ils rirent

Present subjunctive
que je rie
que tu ries
qu'il rie
que nous riions
que vous riiez
qu'ils rient

Future
je rirai
tu riras
il rira
nous rirons
vous rirez
ils riront

Conditional
je rirais
tu rirais
il rirait
nous ririons
vous ririez
ils riraient

TO LEARN *apprendre*
Present participle *apprenant*
Past participle *appris*
Imperative *apprends, apprenons, apprenez*

Present indicative
j'apprends
tu apprends
il apprend
nous apprenons
vous apprenez
ils apprennent

Imperfect indicative
j'apprenais
tu apprenais
il apprenait
nous apprenions
vous appreniez
ils apprenaient

Past historic
j'appris
tu appris
il apprit
nous apprîmes
vous apprîtes
ils apprirent

Future
j'apprendrai
tu apprendras
il apprendra
nous apprendrons
vous apprendrez
ils apprendront

Perfect indicative
j'ai appris
tu as appris
il a appris
nous avons appris
vous avez appris
ils ont appris

Pluperfect indicative
j'avais appris
tu avais appris
il avait appris
nous avions appris
vous aviez appris
ils avaient appris

Present subjunctive
que j'apprenne
que tu apprennes
qu'il apprenne
que nous apprenions
que vous appreniez
qu'ils apprennent

Conditional
j'apprendrais
tu apprendrais
il apprendrait
nous apprendrions
vous apprendriez
ils apprendraient

TO LEAVE *laisser*
Present participle *laissant*
Past participle *laissé*
Imperative *laisse, laissons, laissez*

Present indicative
je laisse
tu laisses
il laisse
nous laissons
vous laissez
ils laissent

Imperfect indicative
je laissais
tu laissais
il laissait
nous laissions
vous laissiez
ils laissaient

Past historic
je laissai
tu laissas
il laissa
nous laissâmes
vous laissâtes
ils laissèrent

Future
je laisserai
tu laisseras
il laissera
nous laisserons
vous laisserez
ils laisseront

Perfect indicative
j'ai laissé
tu as laissé
il a laissé
nous avons laissé
vous avez laissé
ils ont laissé

Pluperfect indicative
j'avais laissé
tu avais laissé
il avait laissé
nous avions laissé
vous aviez laissé
ils avaient laissé

Present subjunctive
que je laisse
que tu laisses
qu'il laisse
que nous laissions
que vous laissiez
qu'ils laissent

Conditional
je laisserais
tu laisserais
il laisserait
nous laisserions
vous laisseriez
ils laisseraient

TO LEAVE (GO AWAY FROM) *quitter*
Present participle *quittant*
Past participle *quitté*
Imperative *quitte, quittons, quittez*

Present indicative
je quitte
tu quittes
il quitte
nous quittons
vous quittez
ils quittent

Imperfect indicative
je quittais
tu quittais
il quittait
nous quittions
vous quittiez
ils quittaient

Past historic
je quittai
tu quittas
il quitta
nous quittâmes
vous quittâtes
ils quittèrent

Future
je quitterai
tu quitteras
il quittera
nous quitterons
vous quitterez
ils quitteront

Perfect indicative
j'ai quitté
tu as quitté
il a quitté
nous avons quitté
vous avez quitté
ils ont quitté

Pluperfect indicative
j'avais quitté
tu avais quitté
il avait quitté
nous avions quitté
vous aviez quitté
ils avaient quitté

Present subjunctive
que je quitte
que tu quittes
qu'il quitte
que nous quittions
que vous quittiez
qu'ils quittent

Conditional
je quitterais
tu quitterais
il quitterait
nous quitterions
vous quitteriez
ils quitteraient

TO LESSEN *diminuer*
Present participle *diminuant*
Past participle *diminué*
Imperative *diminue, diminuons, diminuez*

Present indicative
je diminue
tu diminues
il diminue
nous diminuons
vous diminuez
ils diminuent

Perfect indicative
j'ai diminué
tu as diminué
il a diminué
nous avons diminué
vous avez diminué
ils ont diminué

Imperfect indicative
je diminuais
tu diminuais
il diminuait
nous diminuions
vous diminuiez
ils diminuaient

Pluperfect indicative
j'avais diminué
tu avais diminué
il avait diminué
nous avions diminué
vous aviez diminué
ils avaient diminué

Past historic
je diminuai
tu diminuas
il diminua
nous diminuâmes
vous diminuâtes
ils diminuèrent

Present subjunctive
que je diminue
que tu diminues
qu'il diminue
que nous diminuions
que vous diminuiez
qu'ils diminuent

Future
je diminuerai
tu diminueras
il diminuera
nous diminuerons
vous diminuerez
ils diminueront

Conditional
je diminuerais
tu diminuerais
il diminuerait
nous diminuerions
vous diminueriez
ils diminueraient

TO (TELL A) LIE *mentir*
Present participle *mentant*
Past participle *menti*
Imperative *mens*, *mentons*, *mentez*

Present indicative
je mens
tu mens
il ment
nous mentons
vous mentez
ils mentent

Perfect indicative
j'ai menti
tu as menti
il a menti
nous avons menti
vous avez menti
ils ont menti

Imperfect indicative
je mentais
tu mentais
il mentait
nous mentions
vous mentiez
ils mentaient

Pluperfect indicative
j'avais menti
tu avais menti
il avait menti
nous avions menti
vous aviez menti
ils avaient menti

Past historic
je mentis
tu mentis
il mentit
nous mentîmes
vous mentîtes
ils mentirent

Present subjunctive
que je mente
que tu mentes
qu'il mente
que nous mentions
que vous mentiez
qu'ils mentent

Future
je mentirai
tu mentiras
il mentira
nous mentirons
vous mentirez
ils mentiront

Conditional
je mentirais
tu mentirais
il mentirait
nous mentirions
vous mentiriez
ils mentiraient

TO LIE DOWN *se coucher*
Present participle *se couchant*
Past participle *couché*
Imperative *couche-toi, couchons-nous, couchez-vous*

Present indicative
je me couche
tu te couches
il se couche
nous nous couchons
vous vous couchez
ils se couchent

Imperfect indicative
je me couchais
tu te couchais
il se couchait
nous nous couchions
vous vous couchiez
ils se couchaient

Past historic
je me couchai
tu te couchas
il se coucha
nous nous couchâmes
vous vous couchâtes
ils se couchèrent

Future
je me coucherai
tu te coucheras
il se couchera
nous nous coucherons
vous vous coucherez
ils se coucheront

Perfect indicative
je me suis couché
tu t'es couché
il s'est couché
nous nous sommes couchés
vous vous êtes couchés
ils se sont couchés

Pluperfect indicative
je m'étais couché
tu t'étais couché
il s'était couché
nous nous étions couchés
vous vous étiez couchés
ils s'étaient couchés

Present subjunctive
que je me couche
que tu te couches
qu'il se couche
que nous nous couchions
que vous vous couchiez
qu'ils se couchent

Conditional
je me coucherais
tu te coucherais
il se coucherait
nous nous coucherions
vous vous coucheriez
ils se coucheraient

TO LIFT *lever*
Present participle *levant*
Past participle *levé*
Imperative *lève, levons, levez*

Present indicative
je lève
tu lèves
il lève
nous levons
vous levez
ils lèvent

Perfect indicative
j'ai levé
tu as levé
il a levé
nous avons levé
vous avez levé
ils ont levé

Imperfect indicative
je levais
tu levais
il levait
nous levions
vous leviez
ils levaient

Pluperfect indicative
j'avais levé
tu avais levé
il avait levé
nous avions levé
vous aviez levé
ils avaient levé

Past historic
je levai
tu levas
il leva
nous levâmes
vous levâtes
ils levèrent

Present subjunctive
que je lève
que tu lèves
qu'il lève
que nous levions
que vous leviez
qu'ils lèvent

Future
je lèverai
tu lèveras
il lèvera
nous lèverons
vous lèverez
ils lèveront

Conditional
je lèverais
tu lèverais
il lèverait
nous lèverions
vous lèveriez
ils lèveraient

TO LIVE *vivre*
Present participle *vivant*
Past participle *vécu*
Imperative *vis, vivons, vivez*

Present indicative
je vis
tu vis
il vit
nous vivons
vous vivez
ils vivent

Imperfect indicative
je vivais
tu vivais
il vivait
nous vivions
vous viviez
ils vivaient

Past historic
je vécus
tu vécus
il vécut
nous vécûmes
vous vécûtes
ils vécurent

Future
je vivrai
tu vivras
il vivra
nous vivrons
vous vivrez
ils vivront

Perfect indicative
j'ai vécu
tu as vécu
il a vécu
nous avons vécu
vous avez vécu
ils ont vécu

Pluperfect indicative
j'avais vécu
tu avais vécu
il avait vécu
nous avions vécu
vous aviez vécu
ils avaient vécu

Present subjunctive
que je vive
que tu vives
qu'il vive
que nous vivions
que vous viviez
qu'ils vivent

Conditional
je vivrais
tu vivrais
il vivrait
nous vivrions
vous vivriez
ils vivraient

TO LIVE AGAIN *revivre*
Present participle *revivant*
Past participle *revécu*
Imperative *revis, revivons, revivez*

Present indicative
je revis
tu revis
il revit
nous revivons
vous revivez
ils revivent

Perfect indicative
j'ai revécu
tu as revécu
il a revécu
nous avons revécu
vous avez revécu
ils ont revécu

Imperfect indicative
je revivais
tu revivais
il revivait
nous revivions
vous reviviez
ils revivaient

Pluperfect indicative
j'avais revécu
tu avais revécu
il avait revécu
nous avions revécu
vous aviez revécu
ils avaient revécu

Past historic
je revécus
tu revécus
il revécut
nous revécûmes
vous revécûtes
ils revécurent

Present subjunctive
que je revive
que tu revives
qu'il revive
que nous revivions
que vous reviviez
qu'ils revivent

Future
je revivrai
tu revivras
il revivra
nous revivrons
vous revivrez
ils revivront

Conditional
je revivrais
tu revivrais
il revivrait
nous revivrions
vous revivriez
ils revivraient

TO LOOK FOR *chercher*
Present participle *cherchant*
Past participle *cherché*
Imperative *cherche, cherchons, cherchez*

Present indicative
je cherche
tu cherches
il cherche
nous cherchons
vous cherchez
ils cherchent

Imperfect indicative
je cherchais
tu cherchais
il cherchait
nous cherchions
vous cherchiez
ils cherchaient

Past historic
je cherchai
tu cherchas
il chercha
nous cherchâmes
vous cherchâtes
ils cherchèrent

Future
je chercherai
tu chercheras
il cherchera
nous chercherons
vous chercherez
ils chercheront

Perfect indicative
j'ai cherché
tu as cherché
il a cherché
nous avons cherché
vous avez cherché
ils ont cherché

Pluperfect indicative
j'avais cherché
tu avais cherché
il avait cherché
nous avions cherché
vous aviez cherché
ils avaient cherché

Present subjunctive
que je cherche
que tu cherches
qu'il cherche
que nous cherchions
que vous cherchiez
qu'ils cherchent

Conditional
je chercherais
tu chercherais
il chercherait
nous chercherions
vous chercheriez
ils chercheraient

TO LOSE *perdre*
Present participle *perdant*
Past participle *perdu*
Imperative *perds, perdons, perdez*

Present indicative
je perds
tu perds
il perd
nous perdons
vous perdez
ils perdent

Perfect indicative
j'ai perdu
tu as perdu
il a perdu
nous avons perdu
vous avez perdu
ils ont perdu

Imperfect indicative
je perdais
tu perdais
il perdait
nous perdions
vous perdiez
ils perdaient

Pluperfect indicative
j'avais perdu
tu avais perdu
il avait perdu
nous avions perdu
vous aviez perdu
ils avaient perdu

Past historic
je perdis
tu perdis
il perdit
nous perdîmes
vous perdîtes
ils perdirent

Present subjunctive
que je perde
que tu perdes
qu'il perde
que nous perdions
que vous perdiez
qu'ils perdent

Future
je perdrai
tu perdras
il perdra
nous perdrons
vous perdrez
ils perdront

Conditional
je perdrais
tu perdrais
il perdrait
nous perdrions
vous perdriez
ils perdraient

TO LOVE *aimer*
Present participle *aimant*
Past participle *aimé*
Imperative *aime, aimons, aimez*

Present indicative
j'aime
tu aimes
il aime
nous aimons
vous aimez
ils aiment

Imperfect indicative
j'aimais
tu aimais
il aimait
nous aimions
vous aimiez
ils aimaient

Past historic
j'aimai
tu aimas
il aima
nous aimâmes
vous aimâtes
ils aimèrent

Future
j'aimerai
tu aimeras
il aimera
nous aimerons
vous aimerez
ils aimeront

Perfect indicative
j'ai aimé
tu as aimé
il a aimé
nous avons aimé
vous avez aimé
ils ont aimé

Pluperfect indicative
j'avais aimé
tu avais aimé
il avait aimé
nous avions aimé
vous aviez aimé
ils avaient aimé

Present subjunctive
que j'aime
que tu aimes
qu'il aime
que nous aimions
que vous aimiez
qu'ils aiment

Conditional
j'aimerais
tu aimerais
il aimerait
nous aimerions
vous aimeriez
ils aimeraient

TO LOWER *baisser*
Present participle *baissant*
Past participle *baissé*
Imperative *baisse, baissons, baissez*

Present indicative
je baisse
tu baisses
il baisse
nous baissons
vous baissez
ils baissent

Perfect indicative
j'ai baissé
tu as baissé
il a baissé
nous avons baissé
vous avez baissé
ils ont baissé

Imperfect indicative
je baissais
tu baissais
il baissait
nous baissions
vous baissiez
ils baissaient

Pluperfect indicative
j'avais baissé
tu avais baissé
il avait baissé
nous avions baissé
vous aviez baissé
ils avaient baissé

Past historic
je baissai
tu baissas
il baissa
nous baissâmes
vous baissâtes
ils baissèrent

Present subjunctive
que je baisse
que tu baisses
qu'il baisse
que nous baissions
que vous baissiez
qu'ils baissent

Future
je baisserai
tu baisseras
il baissera
nous baisserons
vous baisserez
ils baisseront

Conditional
je baisserais
tu baisserais
il baisserait
nous baisserions
vous baisseriez
ils baisseraient

TO MOVE *bouger*
Present participle *bougeant*
Past participle *bougé*
Imperative *bouge, bougeons, bougez*

Present indicative
je bouge
tu bouges
il bouge
nous bougeons
vous bougez
ils bougent

Imperfect indicative
je bougeais
tu bougeais
il bougeait
nous bougions
vous bougiez
ils bougeaient

Past historic
je bougeai
tu bougeas
il bougea
nous bougeâmes
vous bougeâtes
ils bougèrent

Future
je bougerai
tu bougeras
il bougera
nous bougerons
vous bougerez
ils bougeront

Perfect indicative
j'ai bougé
tu as bougé
il a bougé
nous avons bougé
vous avez bougé
ils ont bougé

Pluperfect indicative
j'avais bougé
tu avais bougé
il avait bougé
nous avions bougé
vous aviez bougé
ils avaient bougé

Present subjunctive
que je bouge
que tu bouges
qu'il bouge
que nous bougions
que vous bougiez
qu'ils bougent

Conditional
je bougerais
tu bougerais
il bougerait
nous bougerions
vous bougeriez
ils bougeraient

TO NOTICE *apercevoir*
Present participle *apercevant*
Past participle *aperçu*
Imperative *aperçois, apercevons, apercevez*

Present indicative
j'aperçois
tu aperçois
il aperçoit
nous apercevons
vous apercevez
ils aperçoivent

Imperfect indicative
j'apercevais
tu apercevais
il apercevait
nous apercevions
vous aperceviez
ils apercevaient

Past historic
j'aperçus
tu aperçus
il aperçut
nous aperçûmes
vous aperçûtes
ils aperçurent

Future
j'apercevrai
tu apercevras
il apercevra
nous apercevrons
vous apercevrez
ils apercevront

Perfect indicative
j'ai aperçu
tu as aperçu
il a aperçu
nous avons aperçu
vous avez aperçu
ils ont aperçu

Pluperfect indicative
j'avais aperçu
tu avais aperçu
il avait aperçu
nous avions aperçu
vous aviez aperçu
ils avaient aperçu

Present subjunctive
que j'aperçoive
que tu aperçoives
qu'il aperçoive
que nous apercevions
que vous aperceviez
qu'ils aperçoivent

Conditional
j'apercevrais
tu apercevrais
il apercevrait
nous apercevrions
vous apercevriez
ils apercevraient

TO OFFER *offrir*
Present participle *offrant*
Past participle *offert*
Imperative *offre, offrons, offrez*

Present indicative
j'offre
tu offres
il offre
nous offrons
vous offrez
ils offrent

Perfect indicative
j'ai offert
tu as offert
il a offert
nous avons offert
vous avez offert
ils ont offert

Imperfect indicative
j'offrais
tu offrais
il offrait
nous offrions
vous offriez
ils offraient

Pluperfect indicative
j'avais offert
tu avais offert
il avait offert
nous avions offert
vous aviez offert
ils avaient offert

Past historic
j'offris
tu offris
il offrit
nous offrîmes
vous offrîtes
ils offrirent

Present subjunctive
que j'offre
que tu offres
qu'il offre
que nous offrions
que vous offriez
qu'ils offrent

Future
j'offrirai
tu offriras
il offrira
nous offrirons
vous offrirez
ils offriront

Conditional
j'offrirais
tu offrirais
il offrirait
nous offririons
vous offririez
ils offriraient

TO OPEN *ouvrir*
Present participle *ouvrant*
Past participle *ouvert*
Imperative *ouvre, ouvrons, ouvrez*

Present indicative
j'ouvre
tu ouvres
il ouvre
nous ouvrons
vous ouvrez
ils ouvrent

Imperfect indicative
j'ouvrais
tu ouvrais
il ouvrait
nous ouvrions
vous ouvriez
ils ouvraient

Past historic
j'ouvris
tu ouvris
il ouvrit
nous ouvrîmes
vous ouvrîtes
ils ouvrirent

Future
j'ouvrirai
tu ouvriras
il ouvrira
nous ouvrirons
vous ouvrirez
ils ouvriront

Perfect indicative
j'ai ouvert
tu as ouvert
il a ouvert
nous avons ouvert
vous avez ouvert
ils ont ouvert

Pluperfect indicative
j'avais ouvert
tu avais ouvert
il avait ouvert
nous avions ouvert
vous aviez ouvert
ils avaient ouvert

Present subjunctive
que j'ouvre
que tu ouvres
qu'il ouvre
que nous ouvrions
que vous ouvriez
qu'ils ouvrent

Conditional
j'ouvrirais
tu ouvrirais
il ouvrirait
nous ouvririons
vous ouvririez
ils ouvriraient

TO OWE *devoir*
Present participle *devant*
Past participle *dû*
Imperative *dois, devons, devez*

Present indicative
je dois
tu dois
il doit
nous devons
vous devez
ils doivent

Perfect indicative
j'ai dû
tu as dû
il a dû
nous avons dû
vous avez dû
ils ont dû

Imperfect indicative
je devais
tu devais
il devait
nous devions
vous deviez
ils devaient

Pluperfect indicative
j'avais dû
tu avais dû
il avait dû
nous avions dû
vous aviez dû
ils avaient dû

Past historic
je dus
tu dus
il dut
nous dûmes
vous dûtes
ils durent

Present subjunctive
que je doive
que tu doives
qu'il doive
que nous devions
que vous deviez
qu'ils doivent

Future
je devrai
tu devras
il devra
nous devrons
vous devrez
ils devront

Conditional
je devrais
tu devrais
il devrait
nous devrions
vous devriez
ils devraient

TO PAINT *peindre*
Present participle *peignant*
Past participle *peint*
Imperative *peins, peignons, peignez*

Present indicative
je peins
tu peins
il peint
nous peignons
vous peignez
ils peignent

Perfect indicative
j'ai peint
tu as peint
il a peint
nous avons peint
vous avez peint
ils ont peint

Imperfect indicative
je peignais
tu peignais
il peignait
nous peignions
vous peigniez
ils peignaient

Pluperfect indicative
j'avais peint
tu avais peint
il avait peint
nous avions peint
vous aviez peint
ils avaient peint

Past historic
je peignis
tu peignis
il peignit
nous peignîmes
vous peignîtes
ils peignirent

Present subjunctive
que je peigne
que tu peignes
qu'il peigne
que nous peignions
que vous peigniez
qu'ils peignent

Future
je peindrai
tu peindras
il peindra
nous peindrons
vous peindrez
ils peindront

Conditional
je peindrais
tu peindrais
il peindrait
nous peindrions
vous peindriez
ils peindraient

TO PAY *payer*
Present participle *payant*
Past participle *payé*
Imperative *paie, payons, payez*

Present indicative
je paie
tu paies
il paie
nous payons
vous payez
ils paient

Perfect indicative
j'ai payé
tu as payé
il a payé
nous avons payé
vous avez payé
ils ont payé

Imperfect indicative
je payais
tu payais
il payait
nous payions
vous payiez
ils payaient

Pluperfect indicative
j'avais payé
tu avais payé
il avait payé
nous avions payé
vous aviez payé
ils avaient payé

Past historic
je payai
tu payas
il paya
nous payâmes
vous payâtes
ils payèrent

Present subjunctive
que je paie
que tu paies
qu'il paie
que nous payions
que vous payiez
qu'ils paient

Future
je paierai
tu paieras
il paiera
nous paierons
vous paierez
ils paieront

Conditional
je paierais
tu paierais
il paierait
nous paierions
vous paieriez
ils paieraient

TO PHONE *téléphoner*
Present participle *téléphonant*
Past participle *téléphoné*
Imperative *téléphone, téléphonons, téléphonez*

Present indicative
je téléphone
tu téléphones
il téléphone
nous téléphonons
vous téléphonez
ils téléphonent

Imperfect indicative
je téléphonais
tu téléphonais
il téléphonait
nous téléphonions
vous téléphoniez
ils téléphonaient

Past historic
je téléphonai
tu téléphonas
il téléphona
nous téléphonâmes
vous téléphonâtes
ils téléphonèrent

Future
je téléphonerai
tu téléphoneras
il téléphonera
nous téléphonerons
vous téléphonerez
ils téléphoneront

Perfect indicative
j'ai téléphoné
tu as téléphoné
il a téléphoné
nous avons téléphoné
vous avez téléphoné
ils ont téléphoné

Pluperfect indicative
j'avais téléphoné
tu avais téléphoné
il avait téléphoné
nous avions téléphoné
vous aviez téléphoné
ils avaient téléphoné

Present subjunctive
que je téléphone
que tu téléphones
qu'il téléphone
que nous téléphonions
que vous téléphoniez
qu'ils téléphonent

Conditional
je téléphonerais
tu téléphonerais
il téléphonerait
nous téléphonerions
vous téléphoneriez
ils téléphoneraient

TO PICK *cueillir*
Present participle *cueillant*
Past participle *cueilli*
Imperative *cueille, cueillons, cueillez*

Present indicative
je cueille
tu cueilles
il cueille
nous cueillons
vous cueillez
ils cueillent

Imperfect indicative
je cueillais
tu cueillais
il cueillait
nous cueillions
vous cueilliez
ils cueillaient

Past historic
je cueillis
tu cueillis
il cueillit
nous cueillîmes
vous cueillîtes
ils cueillirent

Future
je cueillerai
tu cueilleras
il cueillera
nous cueillerons
vous cueillerez
ils cuilleront

Perfect indicative
j'ai cueilli
tu as cueilli
il a cueilli
nous avons cueilli
vous avez cueilli
ils ont cueilli

Pluperfect indicative
j'avais cueilli
tu avais cueilli
il avait cueilli
nous avions cueilli
vous aviez cueilli
ils avaient cueilli

Present subjunctive
que je cueille
que tu cueilles
qu'il cueille
que nous cueillions
que vous cueilliez
qu'ils cueillent

Conditional
je cueillerais
tu cueillerais
il cueillerait
nous cueillerions
vous cueilleriez
ils cueilleraient

TO PITY *plaindre*
Present participle *plaignant*
Past participle *plaint*
Imperative *plains, plaignons, plaignez*

Present indicative
je plains
tu plains
il plaint
nous plaignons
vous plaignez
ils plaignent

Imperfect indicative
je plaignais
tu plaignais
il plaignait
nous plaignions
vous plaigniez
ils plaignaient

Past historic
je plaignis
tu plaignis
il plaignit
nous plaignîmes
vous plaignîtes
ils plaignirent

Future
je plaindrai
tu plaindras
il plaindra
nous plaindrons
vous plaindrez
ils plaindront

Perfect indicative
j'ai plaint
tu as plaint
il a plaint
nous avons plaint
vous avez plaint
ils ont plaint

Pluperfect indicative
j'avais plaint
tu avais plaint
il avait plaint
nous avions plaint
vous aviez plaint
ils avaient plaint

Present subjunctive
que je plaigne
que tu plaignes
qu'il plaigne
que nous plaignions
que vous plaigniez
qu'ils plaignent

Conditional
je plaindrais
tu plaindrais
il plaindrait
nous plaindrions
vous plaindriez
ils plaindraient

TO PLAY *jouer*
Present participle *jouant*
Past participle *joué*
Imperative *joue, jouons, jouez*

Present indicative
je joue
tu joues
il joue
nous jouons
vous jouez
ils jouent

Imperfect indicative
je jouais
tu jouais
il jouait
nous jouions
vous jouiez
ils jouaient

Past historic
je jouai
tu jouas
il joua
nous jouâmes
vous jouâtes
ils jouèrent

Future
je jouerai
tu joueras
il jouera
nous jouerons
vous jouerez
ils joueront

Perfect indicative
j'ai joué
tu as joué
il a joué
nous avons joué
vous avez joué
ils ont joué

Pluperfect indicative
j'avais joué
tu avais joué
il avait joué
nous avions joué
vous aviez joué
ils avaient joué

Present subjunctive
que je joue
que tu joues
qu'il joue
que nous jouions
que vous jouiez
qu'ils jouent

Conditional
je jouerais
tu jouerais
il jouerait
nous jouerions
vous joueriez
ils joueraient

TO PREDICT *prédire*
Present participle *prédisant*
Past participle *prédit*
Imperative *prédis, prédisons, prédisez*

Present indicative
je prédis
tu prédis
il prédit
nous prédisons
vous prédisez
ils prédisent

Perfect indicative
j'ai prédit
tu as prédit
il a prédit
nous avons prédit
vous avez prédit
ils ont prédit

Imperfect indicative
je prédisais
tu prédisais
il prédisait
nous prédisions
vous prédisiez
ils prédisaient

Pluperfect indicative
j'avais prédit
tu avais prédit
il avait prédit
nous avions prédit
vous aviez prédit
ils avaient prédit

Past historic
je prédis
tu prédis
il prédit
nous prédîmes
vous prédîtes
ils prédirent

Present subjunctive
que je prédise
que tu prédises
qu'il prédise
que nous prédisions
que vous prédisiez
qu'ils prédisent

Future
je prédirai
tu prédiras
il prédira
nous prédirons
vous prédirez
ils prédiront

Conditional
je prédirais
tu prédirais
il prédirait
nous prédirions
vous prédiriez
ils prédiraient

TO PRESCRIBE *prescrire*
Present participle *prescrivant*
Past participle *prescrit*
Imperative *prescris, prescrivons, prescrivez*

Present indicative
je prescris
tu prescris
il prescrit
nous prescrivons
vous prescrivez
ils prescrivent

Perfect indicative
j'ai prescrit
tu as prescrit
il a prescrit
nous avons prescrit
vous avez prescrit
ils ont prescrit

Imperfect indicative
je prescrivais
tu prescrivais
il prescrivait
nous prescrivions
vous prescriviez
ils prescrivaient

Pluperfect indicative
j'avais prescrit
tu avais prescrit
il avait prescrit
nous avions prescrit
vous aviez prescrit
ils avaient prescrit

Past historic
je prescrivis
tu prescrivis
il prescrivit
nous prescrivîmes
vous prescrivîtes
ils prescrivirent

Present subjunctive
que je prescrive
que tu prescrives
qu'il prescrive
que nous prescrivions
que vous prescriviez
qu'ils prescrivent

Future
je prescrirai
tu prescriras
il prescrira
nous prescrirons
vous prescrirez
ils prescriront

Conditional
je prescrirais
tu prescrirais
il prescrirait
nous prescririons
vous prescririez
ils prescriraient

TO PRESENT *présenter*
Present participle *présentant*
Past participle *présenté*
Imperative *présente, présentons, présentez*

Present indicative
je présente
tu présentes
il présente
nous présentons
vous présentez
ils présentent

Imperfect indicative
je présentais
tu présentais
il présentait
nous présentions
vous présentiez
ils présentaient

Past historic
je présentai
tu présentas
il présenta
nous présentâmes
vous présentâtes
ils présentèrent

Future
je présenterai
tu présenteras
il présentera
nous présenterons
vous présenterez
ils présenteront

Perfect indicative
j'ai présenté
tu as présenté
il a présenté
nous avons présenté
vous avez présenté
ils ont présenté

Pluperfect indicative
j'avais présenté
tu avais présenté
il avait présenté
nous avions présenté
vous aviez présenté
ils avaient présenté

Present subjunctive
que je présente
que tu présentes
qu'il présente
que nous présentions
que vous présentiez
qu'ils présentent

Conditional
je présenterais
tu présenterais
il présenterait
nous présenterions
vous présenteriez
ils présenteraient

TO PRODUCE *produire*
Present participle *produisant*
Past participle *produit*
Imperative *produis, produisons, produisez*

Present indicative
je produis
tu produis
il produit
nous produisons
vous produisez
ils produisent

Imperfect indicative
je produisais
tu produisais
il produisait
nous produisions
vous produisiez
ils produisaient

Past historic
je produisis
tu produisis
il produisit
nous produisîmes
vous produisîtes
ils produisirent

Future
je produirai
tu produiras
il produira
nous produirons
vous produirez
ils produiront

Perfect indicative
j'ai produit
tu as produit
il a produit
nous avons produit
vous avez produit
ils ont produit

Pluperfect indicative
j'avais produit
tu avais produit
il avait produit
nous avions produit
vous aviez produit
ils avaient produit

Present subjunctive
que je produise
que tu produises
qu'il produise
que nous produisions
que vous produisiez
qu'ils produisent

Conditional
je produirais
tu produirais
il produirait
nous produirions
vous produiriez
ils produiraient

TO PROMISE *promettre*
Present participle *promettant*
Past participle *promis*
Imperative *promets, promettons, promettez*

Present indicative
je promets
tu promets
il promet
nous promettons
vous promettez
ils promettent

Perfect indicative
j'ai promis
tu as promis
il a promis
nous avons promis
vous avez promis
ils ont promis

Imperfect indicative
je promettais
tu promettais
il promettait
nous promettions
vous promettiez
ils promettaient

Pluperfect indicative
j'avais promis
tu avais promis
il avait promis
nous avions promis
vous aviez promis
ils avaient promis

Past historic
je promis
tu promis
il promit
nous promîmes
vous promîtes
ils promirent

Present subjunctive
que je promette
que tu promettes
qu'il promette
que nous promettions
que vous promettiez
qu'ils promettent

Future
je promettrai
tu promettras
il promettra
nous promettrons
vous promettrez
ils promettront

Conditional
je promettrais
tu promettrais
il promettrait
nous promettrions
vous promettriez
ils promettraient

TO PROSCRIBE *proscrire*
Present participle *proscrivant*
Past participle *proscrit*
Imperative *proscris, proscrivons, proscrivez*

Present indicative
je proscris
tu proscris
il proscrit
nous proscrivons
vous proscrivez
ils proscrivent

Imperfect indicative
je proscrivais
tu prscrivais
il proscrivait
nous proscrivions
vous proscriviez
ils proscrivaient

Past historic
je proscrivis
tu proscrivis
il proscrivit
nous proscrivîmes
vous proscrivîtes
ils proscrivirent

Future
je proscrirai
tu proscriras
il proscrira
nous proscrirons
vous proscrirez
ils proscriront

Perfect indicative
j'ai proscrit
tu as proscrit
il a proscrit
nous avons proscrit
vous avez proscrit
ils ont proscrit

Pluperfect indicative
j'avais proscrit
tu avais proscrit
il avait proscrit
nous avions proscrit
vous aviez proscrit
ils avaient proscrit

Present subjunctive
que je proscrive
que tu proscrives
qu'il proscrive
que nous proscrivions
que vous proscriviez
qu'ils proscrivent

Conditional
je proscrirais
tu proscrirais
il proscrirait
nous proscririons
vous proscririez
ils proscriraient

TO PROVE *prouver*
Present participle *prouvant*
Past participle *prouvé*
Imperative *prouve, prouvons, prouvez*

Present indicative
je prouve
tu prouves
il prouve
nous prouvons
vous prouvez
ils prouvent

Imperfect indicative
je prouvais
tu prouvais
il prouvait
nous prouvions
vous prouviez
ils prouvaient

Past historic
je prouvai
tu prouvas
il prouva
nous prouvâmes
vous prouvâtes
ils prouvèrent

Future
je prouverai
tu prouveras
il prouvera
nous prouverons
vous prouverez
ils prouveront

Perfect indicative
j'ai prouvé
tu as prouvé
il a prouvé
nous avons prouvé
vous avez prouvé
ils ont prouvé

Pluperfect indicative
j'avais prouvé
tu avais prouvé
il avait prouvé
nous avions prouvé
vous aviez prouvé
ils avaient prouvé

Present subjunctive
que je prouve
que tu prouves
qu'il prouve
que nous prouvions
que vous prouviez
qu'ils prouvent

Conditional
je prouverais
tu prouverais
il prouverait
nous prouverions
vous prouveriez
ils prouveraient

TO PROVIDE *fournir*
Present participle *fournissant*
Past participle *fourni*
Imperative *fournis, fournissons, fournissez*

Present indicative
je fournis
tu fournis
il fournit
nous fournissons
vous fournissez
ils fournissent

Perfect indicative
j'ai fourni
tu as fourni
il a fourni
nous avons fourni
vous avez fourni
ils ont fourni

Imperfect indicative
je fournissais
tu fournissais
il fournissait
nous fournissions
vous fournissiez
ils fournissaient

Pluperfect indicative
j'avais fourni
tu avais fourni
il avait fourni
nous avions fourni
vous aviez fourni
ils avaient fourni

Past historic
je fournis
tu fournis
il fournit
nous fournîmes
vous fournîtes
ils fournirent

Present subjunctive
que je fournisse
que tu fournisses
qu'il fournisse
que nous fournissions
que vous fournissiez
qu'ils fournissent

Future
je fournirai
tu fourniras
il fournira
nous fournirons
vous fournirez
ils fourniront

Conditional
je fournirais
tu fournirais
il fournirait
nous fournirions
vous fourniriez
ils fourniraient

TO PULL *tirer*
Present participle *tirant*
Past participle *tiré*
Imperative *tire, tirons, tirez*

Present indicative
je tire
tu tires
il tire
nous tirons
vous tirez
ils tirent

Imperfect indicative
je tirais
tu tirais
il tirait
nous tirions
vous tiriez
ils tiraient

Past historic
je tirai
tu tiras
il tira
nous tirâmes
vous tirâtes
ils tirèrent

Future
je tirerai
tu tireras
il tirera
nous tirerons
vous tirerez
ils tireront

Perfect indicative
j'ai tiré
tu as tiré
il a tiré
nous avons tiré
vous avez tiré
ils ont tiré

Pluperfect indicative
j'avais tiré
tu avais tiré
il avait tiré
nous avions tiré
vous aviez tiré
ils avaient tiré

Present subjunctive
que je tire
que tu tires
qu'il tire
que nous tirions
que vous tiriez
qu'ils tirent

Conditional
je tirerais
tu tirerais
il tirerait
nous tirerions
vous tireriez
ils tireraient

TO PURSUE *poursuivre*
Present participle *poursuivant*
Past participle *poursuivi*
Imperative *poursuis, poursuivons, poursuivez*

Present indicative
je poursuis
tu poursuis
il poursuit
nous poursuivons
vous poursuivez
ils poursuivent

Imperfect indicative
je poursuivais
tu poursuivais
il poursuivait
nous poursuivions
vous poursuiviez
ils poursuivaient

Past historic
je poursuivis
tu poursuivis
il poursuivit
nous poursuivîmes
vous poursuivîtes
ils poursuivirent

Future
je poursuivrai
tu poursuivras
il poursuivra
nous poursuivrons
vous poursuivrez
ils poursuivront

Perfect indicative
j'ai poursuivi
tu as poursuivi
il a poursuivi
nous avons poursuivi
vous avez poursuivi
ils ont poursuivi

Pluperfect indicative
j'avais poursuivi
tu avais poursuivi
il avait poursuivi
nous avions poursuivi
vous aviez poursuivi
ils avaient poursuivi

Present subjunctive
que je poursuive
que tu poursuives
qu'il poursuive
que nous poursuivions
que vous poursuiviez
qu'ils poursuivent

Conditional
je poursuivrais
tu poursuivrais
il poursuivrait
nous poursuivrions
vous poursuivriez
ils poursuivraient

TO PUSH *pousser*
Present participle *poussant*
Past participle *poussé*
Imperative *pousse, poussons, poussez*

Present indicative
je pousse
tu pousses
il pousse
nous poussons
vous poussez
ils poussent

Imperfect indicative
je poussais
tu poussais
il poussait
nous poussions
vous poussiez
ils poussaient

Past historic
je poussai
tu poussas
il poussa
nous poussâmes
vous poussâtes
ils poussèrent

Future
je pousserai
tu pousseras
il poussera
nous pousserons
vous pousserez
ils pousseront

Perfect indicative
j'ai poussé
tu as poussé
il a poussé
nous avons poussé
vous avez poussé
ils ont poussé

Pluperfect indicative
j'avais poussé
tu avais poussé
il avait poussé
nous avions poussé
vous aviez poussé
ils avaient poussé

Present subjunctive
que je pousse
que tu pousses
qu'il pousse
que nous poussions
que vous poussiez
qu'ils poussent

Conditional
je pousserais
tu pousserais
il pousserait
nous pousserions
vous pousseriez
ils pousseraient

TO PUT *mettre*
Present participle *mettant*
Past participle *mis*
Imperative *mets, mettons, mettez*

Present indicative
je mets
tu mets
il met
nous mettons
vous mettez
ils mettent

Imperfect indicative
je mettais
tu mettais
il mettait
nous mettions
vous mettiez
ils mettaient

Past historic
je mis
tu mis
il mit
nous mîmes
vous mîtes
ils mirent

Future
je mettrai
tu mettras
il mettra
nous mettrons
vous mettrez
ils mettront

Perfect indicative
j'ai mis
tu as mis
il a mis
nous avons mis
vous avez mis
ils ont mis

Pluperfect indicative
j'avais mis
tu avais mis
il avait mis
nous avions mis
vous aviez mis
ils avaient mis

Present subjunctive
que je mette
que tu mettes
qu'il mette
que nous mettions
que vous mettiez
qu'ils mettent

Conditional
je mettrais
tu mettrais
il mettrait
nous mettrions
vous mettriez
ils mettraient

TO PUT (INTO PLACE) *placer*
Present participle *plaçant*
Past participle *placé*
Imperative *place, plaçons, placez*

Present indicative
je place
tu places
il place
nous plaçons
vous placez
ils placent

Imperfect indicative
je plaçais
tu plaçais
il plaçait
nous placions
vous placiez
ils plaçaient

Past historic
je plaçai
tu plaças
il plaça
nous plaçâmes
vous plaçâtes
ils placèrent

Future
je placerai
tu placeras
il placera
nous placerons
vous placerez
ils placeront

Perfect indicative
j'ai placé
tu as placé
il a placé
nous avons placé
vous avez placé
ils ont placé

Pluperfect indicative
j'avais placé
tu avais placé
il avait placé
nous avions placé
vous aviez placé
ils avaient placé

Present subjunctive
que je place
que tu places
qu'il place
que nous placions
que vous placiez
qu'ils placent

Conditional
je placerais
tu placerais
il placerait
nous placerions
vous placeriez
ils placeraient

TO REACH *atteindre*
Present participle *atteignant*
Past participle *atteint*
Imperative *atteins, atteignons, atteignez*

Present indicative
j'atteins
tu atteins
il atteint
nous atteignons
vous atteignez
ils atteignent

Imperfect indicative
j'atteignais
tu atteignais
il atteignait
nous atteignions
vous atteigniez
ils atteignaient

Past historic
j'atteignis
tu atteignis
il atteignit
nous atteignîmes
vous atteignîtes
ils atteignirent

Future
j'atteindrai
tu atteindras
il atteindra
nous atteindrons
vous atteindrez
ils atteindront

Perfect indicative
j'ai atteint
tu as atteint
il a atteint
nous avons atteint
vous avez atteint
ils ont atteint

Pluperfect indicative
j'avais atteint
tu avais atteint
il avait atteint
nous avions atteint
vous aviez atteint
ils avaient atteint

Present subjunctive
que j'atteigne
que tu atteignes
qu'il atteigne
que nous atteignions
que vous atteigniez
qu'ils atteignent

Conditional
j'atteindrais
tu atteindrais
il atteindrait
nous atteindrions
vous atteindriez
ils atteindraient

TO READ *lire*
Present participle *lisant*
Past participle *lu*
Imperative *lis*, *lisons*, *lisez*

Present indicative
je lis
tu lis
il lit
nous lisons
vous lisez
ils lisent

Imperfect indicative
je lisais
tu lisais
il lisait
nous lisions
vous lisiez
ils lisaient

Past historic
je lus
tu lus
il lut
nous lûmes
vous lûtes
ils lurent

Future
je lirai
tu liras
il lira
nous lirons
vous lirez
ils liront

Perfect indicative
j'ai lu
tu as lu
il a lu
nous avons lu
vous avez lu
ils ont lu

Pluperfect indicative
j'avais lu
tu avais lu
il avait lu
nous avions lu
vous aviez lu
ils avaient lu

Present subjunctive
que je lise
que tu lises
qu'il lise
que nous lisions
que vous lisiez
qu'ils lisent

Conditional
je lirais
tu lirais
il lirait
nous lirions
vous liriez
ils liraient

TO RECEIVE *recevoir*
Present participle *recevant*
Past participle *reçu*
Imperative *reçois, recevons, recevez*

Present indicative
je reçois
tu reçois
il reçoit
nous recevons
vous recevez
ils reçoivent

Imperfect indicative
je recevais
tu recevais
il recevait
nous recevions
vous receviez
ils recevaient

Past historic
je reçus
tu reçus
il reçut
nous reçûmes
vous reçûtes
ils reçurent

Future
je recevrai
tu recevras
il recevra
nous recevrons
vous recevrez
ils recevront

Perfect indicative
j'ai reçu
tu as reçu
il a reçu
nous avons reçu
vous avez reçu
ils ont reçu

Pluperfect indicative
j'avais reçu
tu avais reçu
il avait reçu
nous avions reçu
vous aviez reçu
ils avaient reçu

Present subjunctive
que je reçoive
que tu reçoives
qu'il reçoive
que nous recevions
que vous receviez
qu'ils reçoivent

Conditional
je recevrais
tu recevrais
il recevrait
nous recevrions
vous recevriez
ils recevraient

TO RECOGNISE *reconnaître*
Present participle *reconnaissant*
Past participle *reconnu*
Imperative *reconnais, reconnaissons, reconnaissez*

Present indicative
je reconnais
tu reconnais
il reconnaît
nous reconnaissons
vous reconnaissez
ils reconnaissent

Imperfect indicative
je reconnaissais
tu reconnaissais
il reconnaissait
nous reconnaissions
vous reconnaissiez
ils reconnaissaient

Past historic
je reconnus
tu reconnus
il reconnut
nous reconnûmes
vous reconnûtes
ils reconnurent

Future
je reconnaîtrai
tu reconnaîtras
il reconnaîtra
nous reconnaîtrons
vous reconnaîtrez
ils reconnaîtront

Perfect indicative
j'ai reconnu
tu as reconnu
il a reconnu
nous avons reconnu
vous avez reconnu
ils ont reconnu

Pluperfect indicative
j'avais reconnu
tu avais reconnu
il avait reconnu
nous avions reconnu
vous aviez reconnu
ils avaient reconnu

Present subjunctive
que je reconnaisse
que tu reconnaisses
qu'il reconnaisse
que nous reconnaissions
que vous reconnaissiez
qu'ils reconnaissent

Conditional
je reconnaîtrais
tu reconnaîtrais
il reconnaîtrait
nous reconnaîtrions
vous reconnaîtriez
ils reconnaîtraient

TO RECORD *enregistrer*
Present participle *enregistrant*
Past participle *enregistré*
Imperative *enregistre, enregistrons, enregistrez*

Present indicative
j'enregistre
tu enregistres
il enregistre
nous enregistrons
vous enregistrez
ils enregistrent

Imperfect indicative
j'enregistrais
tu enregistrais
il enregistrait
nous enregistrions
vous enregistriez
ils enregistraient

Past historic
j'enregistrai
tu enregistras
il enregistra
nous enregistrâmes
vous enregistrâtes
ils enregistrèrent

Future
j'enregistrerai
tu enregistreras
il enregistrera
nous enregistrerons
vous enregistrerez
ils enregistreront

Perfect indicative
j'ai enregistré
tu as enregistré
il a enregistré
nous avons enregistré
vous avez enregistré
ils ont enregistré

Pluperfect indicative
j'avais enregistré
tu avais enregistré
il avait enregistré
nous avions enregistré
vous aviez enregistré
ils avaient enregistré

Present subjunctive
que j'enregistre
que tu enregistres
qu'il enregistre
que nous enregistrions
que vous enregistriez
qu'ils enregistrent

Conditional
j'enregistrerais
tu enregistrerais
il enregistrerait
nous enregistrerions
vous enregistreriez
ils enregistreraient

TO REDO *refaire*
Present participle *refaisant*
Past participle *refait*
Imperative *refais, refaisons, refaites*

Present indicative
je refais
tu refais
il refait
nous refaisons
vous refaites
ils refont

Perfect indicative
j'ai refait
tu as refait
il a refait
nous avons refait
vous avez refait
ils ont refait

Imperfect indicative
je refaisais
tu refaisais
il refaisait
nous refaisions
vous refaisiez
ils refaisaient

Pluperfect indicative
j'avais refait
tu avais refait
il avait refait
nous avions refait
vous aviez refait
ils avaient refait

Past historic
je refis
tu refis
il refit
nous refîmes
vous refîtes
ils refirent

Present subjunctive
que je refasse
que tu refasses
qu'il refasse
que nous refassions
que vous refassiez
qu'ils refassent

Future
je referai
tu referas
il refera
nous referons
vous referez
ils referont

Conditional
je referais
tu referais
il referait
nous referions
vous referiez
ils referaient

TO REDUCE *réduire*
Present participle *réduisant*
Past participle *réduit*
Imperative *réduis, réduisons, réduisez*

Present indicative
je réduis
tu réduis
il réduit
nous réduisons
vous réduisez
ils réduisent

Imperfect indicative
je réduisais
tu réduisais
il réduisait
nous réduisions
vous réduisiez
ils réduisaient

Past historic
je réduisis
tu réduisis
il réduisit
nous réduisîmes
vous réduisîtes
ils réduisirent

Future
je réduirai
tu réduiras
il réduira
nous réduirons
vous réduirez
ils réduiront

Perfect indicative
j'ai réduit
tu as réduit
il a réduit
nous avons réduit
vous avez réduit
ils ont réduit

Pluperfect indicative
j'avais réduit
tu avais réduit
il avait réduit
nous avions réduit
vous aviez réduit
ils avaient réduit

Present subjunctive
que je réduise
que tu réduises
qu'il réduise
que nous réduisions
que vous réduisiez
qu'ils réduisent

Conditional
je réduirais
tu réduirais
il réduirait
nous réduirions
vous réduiriez
ils réduiraient

TO REGISTER *inscrire*
Present participle *inscrivant*
Past participle *inscrit*
Imperative *inscris, inscrivons, inscrivez*

Present indicative
j'inscris
tu inscris
il inscrit
nous inscrivons
vous inscrivez
ils inscrivent

Imperfect indicative
j'inscrivais
tu inscrivais
il inscrivait
nous inscrivions
vous inscriviez
ils inscrivaient

Past historic
j'inscrivis
tu inscrivis
il inscrivit
nous inscrivîmes
vous inscrivîtes
ils inscrivirent

Future
j'inscrirai
tu inscriras
il inscrira
nous inscrirons
vous inscrirez
ils inscriront

Perfect indicative
j'ai inscrit
tu as inscrit
il a inscrit
nous avons inscrit
vous avez inscrit
ils ont inscrit

Pluperfect indicative
j'avais inscrit
tu avais inscrit
il avait inscrit
nous avions inscrit
vous aviez inscrit
ils avaient inscrit

Present subjunctive
que j'inscrive
que tu inscrives
qu'il inscrive
que nous inscrivions
que vous inscriviez
qu'ils inscrivent

Conditional
j'inscrirais
tu inscrirais
il inscrirait
nous inscririons
vous inscririez
ils inscriraient

TO REMEMBER *se souvenir*
Present participle *se souvenant*
Past participle *souvenu*
Imperative *souviens-toi, souvenons-nous, souvenez-vous*

Present indicative
je me souviens
tu te souviens
il se souvient
nous nous souvenons
vous vous souvenez
ils se souviennent

Perfect indicative
je me suis souvenu
tu t'es souvenu
il s'est souvenu
nous nous sommes souvenus
vous vous êtes souvenus
ils se sont souvenus

Imperfect indicative
je me souvenais
tu te souvenais
il se souvenait
nous nous souvenions
vous vous souveniez
ils se souvenaient

Pluperfect indicative
je m'étais souvenu
tu t'étais souvenu
il s'était souvenu
nous nous étions souvenus
vous vous étiez souvenus
ils s'étaient souvenus

Past historic
je me souvins
tu te souvins
il se souvint
nous nous souvînmes
vous vous souvîntes
ils se souvinrent

Present subjunctive
que je me souvienne
que tu te souviennes
qu'il se souvienne
que nous nous souvenions
que vous vous souveniez
qu'ils se souviennent

Future
je me souviendrai
tu te souviendras
il se souviendra
nous nous souviendrons
vous vous souviendrez
ils se souviendront

Conditional
je me souviendrais
tu te souviendrais
il se souviendrait
nous nous souviendrions
vous vous souviendriez
ils se souviendraient

TO REPRODUCE *reproduire*
Present participle *reproduisant*
Past participle *reproduit*
Imperative *reproduis, reproduisons, reproduisez*

Present indicative
je reproduis
tu reproduis
il reproduit
nous reproduisons
vous reproduisez
ils reproduisent

Imperfect indicative
je reproduisais
tu reproduisais
il reproduisait
nous reproduisions
vous reproduisiez
ils reproduisaient

Past historic
je reproduisis
tu reproduisis
il reproduisit
nous reproduisîmes
vous reproduisîtes
ils reproduisirent

Future
je reproduirai
tu reproduiras
il reproduira
nous reproduirons
vous reproduirez
ils reproduiront

Perfect indicative
j'ai reproduit
tu as reproduit
il a reproduit
nous avons reproduit
vous avez reproduit
ils ont reproduit

Pluperfect indicative
j'avais reproduit
tu avais reproduit
il avait reproduit
nous avions reproduit
vous aviez reproduit
ils avaient reproduit

Present subjunctive
que je reproduise
que tu reproduises
qu'il reproduise
que nous reproduisions
que vous reproduisiez
qu'ils reproduisent

Conditional
je reproduirais
tu reproduirais
il reproduirait
nous reproduirions
vous reproduiriez
ils reproduiraient

TO RESOLVE *résoudre*
Present participle *résolvant*
Past participle *résolu*
Imperative *résous, résolvons, résolvez*

Present indicative
je résous
tu résous
il résout
nous résolvons
vous résolvez
ils résolvent

Imperfect indicative
je résolvais
tu résolvais
il résolvait
nous résolvions
vous résolviez
ils résolvaient

Past historic
je résolus
tu résolus
il résolut
nous résolûmes
vous résolûtes
ils résolurent

Future
je résoudrai
tu résoudras
il résoudra
nous résoudrons
vous résoudrez
ils résoudront

Perfect indicative
j'ai résolu
tu as résolu
il a résolu
nous avons résolu
vous avez résolu
ils ont résolu

Pluperfect indicative
j'avais résolu
tu avais résolu
il avait résolu
nous avions résolu
vous aviez résolu
ils avaient résolu

Present subjunctive
que je résolve
que tu résolves
qu'il résolve
que nous résolvions
que vous résolviez
qu'ils résolvent

Conditional
je résoudrais
tu résoudrais
il résoudrait
nous résoudrions
vous résoudriez
ils résoudraient

TO RESTRICT *restreindre*
Present participle *restreignant*
Past participle *restreint*
Imperative *restreins, restreignons, restreignez*

Present indicative
je restreins
tu restreins
il restreint
nous restreignons
vous restreignez
ils restreignent

Imperfect indicative
je restreignais
tu restreignais
il restreignait
nous restreignions
vous restreigniez
ils restreignaient

Past historic
je restreignis
tu restreignis
il restreignit
nous restreignîmes
vous restreignîtes
ils restreignirent

Future
je restreindrai
tu restreindras
il restreindra
nous restreindrons
vous restreindrez
ils restreindront

Perfect indicative
j'ai restreint
tu as restreint
il a restreint
nous avons restreint
vous avez restreint
ils ont restreint

Pluperfect indicative
j'avais restreint
tu avais restreint
il avait restreint
nous avions restreint
vous aviez restreint
ils avaient restreint

Present subjunctive
que je restreigne
que tu restreignes
qu'il restreigne
que nous restreignions
que vous restreigniez
qu'ils restreignent

Conditional
je restreindrais
tu restreindrais
il restreindrait
nous restreindrions
vous restreindriez
ils restreindraient

TO RETURN *rentrer*
Present participle *rentrant*
Past participle *rentré*
Imperative *rentre, rentrons, rentrez*

Present indicative
je rentre
tu rentres
il rentre
nous rentrons
vous rentrez
ils rentrent

Imperfect indicative
je rentrais
tu rentrais
il rentrait
nous rentrions
vous rentriez
ils rentraient

Past historic
je rentrai
tu rentras
il rentra
nous rentrâmes
vous rentrâtes
ils rentrèrent

Future
je rentrerai
tu rentreras
il rentrera
nous rentrerons
vous rentrerez
ils rentreront

Perfect indicative
je suis rentré
tu es rentré
il est rentré
nous sommes rentrés
vous êtes rentrés
ils sont rentrés

Pluperfect indicative
j'étais rentré
tu étais rentré
il était rentré
nous étions rentrés
vous étiez rentrés
ils étaient rentrés

Present subjunctive
que je rentre
que tu rentres
qu'il rentre
que nous rentrions
que vous rentriez
qu'ils rentrent

Conditional
je rentrerais
tu rentrerais
il rentrerait
nous rentrerions
vous rentreriez
ils rentreraient

TO RUN *courir*
Present participle *courant*
Past participle *couru*
Imperative *cours, courons, courez*

Present indicative
je cours
tu cours
il court
nous courons
vous courez
ils courent

Imperfect indicative
je courais
tu courais
il courait
nous courions
vous couriez
ils couraient

Past historic
je courus
tu courus
il courut
nous courûmes
vous courûtes
ils coururent

Future
je courrai
tu courras
il courra
nous courrons
vous courrez
ils courront

Perfect indicative
j'ai couru
tu as couru
il a couru
nous avons couru
vous avez couru
ils ont couru

Pluperfect indicative
j'avais couru
tu avais couru
il avait couru
nous avions couru
vous aviez couru
ils avaient couru

Present subjunctive
que je coure
que tu coures
qu'il coure
que nous courions
que vous couriez
qu'ils courent

Conditional
je courrais
tu courrais
il courrait
nous courrions
vous courriez
ils courraient

TO SEDUCE *séduire*
Present participle *séduisant*
Past participle *séduit*
Imperative *séduis, séduisons, séduisez*

Present indicative
je séduis
tu séduis
il séduit
nous séduisons
vous séduisez
ils séduisent

Perfect indicative
j'ai séduit
tu as séduit
il a séduit
nous avons séduit
vous avez séduit
ils ont séduit

Imperfect indicative
je séduisais
tu séduisais
il séduisait
nous séduisions
vous séduisiez
ils séduisaient

Pluperfect indicative
j'avais séduit
tu avais séduit
il avait séduit
nous avions séduit
vous aviez séduit
ils avaient séduit

Past historic
je séduisis
tu séduisis
il séduisit
nous séduisîmes
vous séduisîtes
ils séduisirent

Present subjunctive
que je séduise
que tu séduises
qu'il séduise
que nous séduisions
que vous séduisiez
qu'ils séduisent

Future
je séduirai
tu séduiras
il séduira
nous séduirons
vous séduirez
ils séduiront

Conditional
je séduirais
tu séduirais
il séduirait
nous séduirions
vous séduiriez
ils séduiraient

TO SEE *voir*

Present participle *voyant*

Past participle *vu*

Imperative *vois, voyons, voyez*

Present indicative

je vois
tu vois
il voit
nous voyons
vous voyez
ils voient

Perfect indicative

j'ai vu
tu as vu
il a vu
nous avons vu
vous avez vu
ils ont vu

Imperfect indicative

je voyais
tu voyais
il voyait
nous voyions
vous voyiez
ils voyaient

Pluperfect indicative

j'avais vu
tu avais vu
il avait vu
nous avions vu
vous aviez vu
ils avaient vu

Past historic

je vis
tu vis
il vit
nous vîmes
vous vîtes
ils virent

Present subjunctive

que je voie
que tu voies
qu'il voie
que nous voyions
que vous voyiez
qu'ils voient

Future

je verrai
tu verras
il verra
nous verrons
vous verrez
ils verront

Conditional

je verrais
tu verrais
il verrait
nous verrions
vous verriez
ils verraient

TO SEEM *paraître*
Present participle *paraissant*
Past participle *paru*
Imperative *parais, paraissons, paraissez*

Present indicative
je parais
tu parais
il paraît
nous paraissons
vous paraissez
ils paraissent

Perfect indicative
j'ai paru
tu as paru
il a paru
nous avons paru
vous avez paru
ils ont paru

Imperfect indicative
je paraissais
tu paraissais
il paraissait
nous paraissions
vous paraissiez
ils paraissaient

Pluperfect indicative
j'avais paru
tu avais paru
il avait paru
nous avions paru
vous aviez paru
ils avaient paru

Past historic
je parus
tu parus
il parut
nous parûmes
vous parûtes
ils parurent

Present subjunctive
que je paraisse
que tu paraisses
qu'il paraisse
que nous paraissions
que vous paraissiez
qu'ils paraissent

Future
je paraîtrai
tu paraîtras
il paraîtra
nous paraîtrons
vous paraîtrez
ils paraîtront

Conditional
je paraîtrais
tu paraîtrais
il paraîtrait
nous paraîtrions
vous paraîtriez
ils paraîtraient

TO SELL *vendre*
Present participle *vendant*
Past participle *vendu*
Imperative *vends, vendons, vendez*

Present indicative
je vends
tu vends
il vend
nous vendons
vous vendez
ils vendent

Perfect indicative
j'ai vendu
tu as vendu
il a vendu
nous avons vendu
vous avez vendu
ils ont vendu

Imperfect indicative
je vendais
tu vendais
il vendait
nous vendions
vous vendiez
ils vendaient

Pluperfect indicative
j'avais vendu
tu avais vendu
il avait vendu
nous avions vendu
vous aviez vendu
ils avaient vendu

Past historic
je vendis
tu vendis
il vendit
nous vendîmes
vous vendîtes
ils vendirent

Present subjunctive
que je vende
que tu vendes
qu'il vende
que nous vendions
que vous vendiez
qu'ils vendent

Future
je vendrai
tu vendras
il vendra
nous vendrons
vous vendrez
ils vendront

Conditional
je vendrais
tu vendrais
il vendrait
nous vendrions
vous vendriez
ils vendraient

TO SEND *envoyer*
Present participle *envoyant*
Past participle *envoyé*
Imperative *envoie, envoyons, envoyez*

Present indicative
j'envoie
tu envoies
il envoie
nous envoyons
vous envoyez
ils envoient

Imperfect indicative
j'envoyais
tu envoyais
il envoyait
nous envoyions
vous envoyiez
ils envoyaient

Past historic
j'envoyai
tu envoyas
il envoya
nous envoyâmes
vous envoyâtes
ils envoyèrent

Future
j'enverrai
tu enverras
il enverra
nous enverrons
vous enverrez
ils enverront

Perfect indicative
j'ai envoyé
tu as envoyé
il a envoyé
nous avons envoyé
vous avez envoyé
ils ont envoyé

Pluperfect indicative
j'avais envoyé
tu avais envoyé
il avait envoyé
nous avions envoyé
vous aviez envoyé
ils avaient envoyé

Present subjunctive
que j'envoie
que tu envoies
qu'il envoie
que nous envoyions
que vous envoyiez
qu'ils envoient

Conditional
j'enverrais
tu enverrais
il enverrait
nous enverrions
vous enverriez
ils enverraient

TO SERVE *servir*
Present participle *servant*
Past participle *servi*
Imperative *sers, servons, servez*

Present indicative
je sers
tu sers
il sert
nous servons
vous servez
ils servent

Perfect indicative
j'ai servi
tu as servi
il a servi
nous avons servi
vous avez servi
ils ont servi

Imperfect indicative
je servais
tu servais
il servait
nous servions
vous serviez
ils servaient

Pluperfect indicative
j'avais servi
tu avais servi
il avait servi
nous avions servi
vous aviez servi
ils avaient servi

Past historic
je servis
tu servis
il servit
nous servîmes
vous servîtes
ils servirent

Present subjunctive
que je serve
que tu serves
qu'il serve
que nous servions
que vous serviez
qu'ils servent

Future
je servirai
tu serviras
il servira
nous servirons
vous servirez
ils serviront

Conditional
je servirais
tu servirais
il servirait
nous servirions
vous serviriez
ils serviraient

TO SEW *coudre*
Present participle *cousant*
Past participle *cousu*
Imperative *couds, cousons, cousez*

Present indicative
je couds
tu couds
il coud
nous cousons
vous cousez
ils cousent

Imperfect indicative
je cousais
tu cousais
il cousait
nous cousions
vous cousiez
ils cousaient

Past historic
je cousis
tu cousis
il cousit
nous cousîmes
vous cousîtes
ils cousirent

Future
je coudrai
tu coudras
il coudra
nous coudrons
vous coudrez
ils coudront

Perfect indicative
j'ai cousu
tu as cousu
il a cousu
nous avons cousu
vous avez cousu
ils ont cousu

Pluperfect indicative
j'avais cousu
tu avais cousu
il avait cousu
nous avions cousu
vous aviez cousu
ils avaient cousu

Present subjunctive
que je couse
que tu couses
qu'il couse
que nous cousions
que vous cousiez
qu'ils cousent

Conditional
je coudrais
tu coudrais
il coudrait
nous coudrions
vous coudriez
ils coudraient

TO SHINE *reluire*
Present participle *reluisant*
Past participle *relui*
Imperative *reluis, reluisons, reluisez*

Present indicative
je reluis
tu reluis
il reluit
nous relisons
vous reluisez
ils reluisent

Imperfect indicative
je reluisais
tu reluisais
il reluisait
nous reluisions
vous reluisiez
ils reluisaient

Past historic
je reluis
tu reluis
il reluit
nous reluîmes
vous reluîtes
ils reluirent

Future
je reluirai
tu reluiras
il reluira
nous reluirons
vous reluirez
ils reluiront

Perfect indicative
j'ai relui
tu as relui
il a relui
nous avons relui
vous avez relui
ils ont relui

Pluperfect indicative
j'avais relui
tu avais relui
il avait relui
nous avions relui
vous aviez relui
ils avaient relui

Present subjunctive
que je reluise
que tu reluises
qu'il reluise
que nous reluisions
que vous reluisiez
qu'ils reluisent

Conditional
je reluirais
tu reluirais
il reluirait
nous reluirions
vous reluiriez
ils reluiraient

TO SHOUT *crier*
Present participle *criant*
Past participle *crié*
Imperative *crie, crions, criez*

Present indicative
je crie
tu cries
il crie
nous crions
vous criez
ils crient

Perfect indicative
j'ai crié
tu as crié
il a crié
nous avons crié
vous avez crié
ils ont crié

Imperfect indicative
je criais
tu criais
il criait
nous criions
vous criiez
ils criaient

Pluperfect indicative
j'avais crié
tu avais crié
il avait crié
nous avions crié
vous aviez crié
ils avaient crié

Past historic
je criai
tu crias
il cria
nous criâmes
vous criâtes
ils crièrent

Present subjunctive
que je crie
que tu cries
qu'il crie
que nous criions
que vous criiez
qu'ils crient

Future
je crierai
tu crieras
il criera
nous crierons
vous crierez
ils crieront

Conditional
je crierais
tu crierais
il crierait
nous crierions
vous crierez
ils crieraient

TO SING *chanter*
Present participle *chantant*
Past participle *chanté*
Imperative *chante, chantons, chantez*

Present indicative
je chante
tu chantes
il chante
nous chantons
vous chantez
ils chantent

Imperfect indicative
je chantais
tu chantais
il chantait
nous chantions
vous chantiez
ils chantaient

Past historic
je chantai
tu chantas
il chanta
nous chantâmes
vous chantâtes
ils chantèrent

Future
je chanterai
tu chanteras
il chantera
nous chanterons
vous chanterez
ils chanteront

Perfect indicative
j'ai chanté
tu as chanté
il a chanté
nous avons chanté
vous avez chanté
ils ont chanté

Pluperfect indicative
j'avais chanté
tu avais chanté
il avait chanté
nous avions chanté
vous aviez chanté
ils avaient chanté

Present subjunctive
que je chante
que tu chantes
qu'il chante
que nous chantions
que vous chantiez
qu'ils chantent

Conditional
je chanterais
tu chanterais
il chanterait
nous chanterions
vous chanteriez
ils chanteraient

TO SIT DOWN *s'asseoir*
Present participle *s'asseyant*
Past participle *assis*
Imperative *assieds-toi, asseyons-nous, asseyez-vous*

Present indicative
je m'assieds
tu t'assieds
il s'assied
nous nous asseyons
vous vous asseyez
ils s'asseyent

Perfect indicative
je me suis assis
tu t'es assis
il s'est assis
nous nous sommes assis
vous vous êtes assis
ils se sont assis

Imperfect indicative
je m'asseyais
tu t'asseyais
il s'asseyait
nous nous asseyions
vous vous asseyiez
ils s'asseyaient

Pluperfect indicative
je m'étais assis
tu t'étais assis
il s'était assis
nous nous étions assis
vous vous étiez assis
ils s'étaient assis

Past historic
je m'assis
tu t'assis
il s'assit
nous nous assîmes
vous vous assîtes
ils s'assirent

Present subjunctive
que je m'asseye
que tu t'asseyes
qu'il s'asseye
que nous nous asseyions
que vous vous asseyiez
qu'ils s'asseyent

Future
je m'assiérai
tu t'assiéras
il s'assiéra
nous nous assiérons
vous vous assiérez
ils s'assiéront

Conditional
je m'assiérais
tu t'assiérais
il s'assiérait
nous nous assiérions
vous vous assiériez
ils s'assiéraient

TO SLEEP *dormir*
Present participle *dormant*
Past participle *dormi*
Imperative *dors, dormons, dormez*

Present indicative
je dors
tu dors
il dort
nous dormons
vous dormez
ils dorment

Imperfect indicative
je dormais
tu dormais
il dormait
nous dormions
vous dormiez
ils dormaient

Past historic
je dormis
tu dormis
il dormit
nous dormîmes
vous dormîtes
ils dormirent

Future
je dormirai
tu dormiras
il dormira
nous dormirons
vous dormirez
ils dormiront

Perfect indicative
j'ai dormi
tu as dormi
il a dormi
nous avons dormi
vous avez dormi
ils ont dormi

Pluperfect indicative
j'avais dormi
tu avais dormi
il avait dormi
nous avions dormi
vous aviez dormi
ils avaient dormi

Present subjunctive
que je dorme
que tu dormes
qu'il dorme
que nous dormions
que vous dormiez
qu'ils dorment

Conditional
je dormirais
tu dormirais
il dormirait
nous dormirions
vous dormiriez
ils dormiraient

TO SMELL *sentir*
Present participle *sentant*
Past participle *senti*
Imperative *sens, sentons, sentez*

Present indicative
je sens
tu sens
il sent
nous sentons
vous sentez
ils sentent

Perfect indicative
j'ai senti
tu as senti
il a senti
nous avons senti
vous avez senti
ils ont senti

Imperfect indicative
je sentais
tu sentais
il sentait
nous sentions
vous sentiez
ils sentaient

Pluperfect indicative
j'avais senti
tu avais senti
il avait senti
nous avions senti
vous aviez senti
ils avaient senti

Past historic
je sentis
tu sentis
il sentit
nous sentîmes
vous sentîtes
ils sentirent

Present subjunctive
que je sente
que tu sentes
qu'il sente
que nous sentions
que vous sentiez
qu'ils sentent

Future
je sentirai
tu sentiras
il sentira
nous sentirons
vous sentirez
ils sentiront

Conditional
je sentirais
tu sentirais
il sentirait
nous sentirions
vous sentiriez
ils sentiraient

TO SMILE *sourire*
Present participle *souriant*
Past participle *souri*
Imperative *souris, sourions, souriez*

Present indicative
je souris
tu souris
il sourit
nous sourions
vous souriez
ils sourient

Perfect indicative
j'ai souri
tu as souri
il a souri
nous avons souri
vous avez souri
ils ont souri

Imperfect indicative
je souriais
tu souriais
il souriait
nous souriions
vous souriiez
ils souriaient

Pluperfect indicative
j'avais souri
tu avais souri
il avait souri
nous avions souri
vous aviez souri
ils avaient souri

Past historic
je souris
tu souris
il sourit
nous sourîmes
vous sourîtes
ils sourirent

Present subjunctive
que je sourie
que tu souries
qu'il sourie
que nous souriions
que vous souriiez
qu'ils sourient

Future
je sourirai
tu souriras
il sourira
nous sourirons
vous sourirez
ils souriront

Conditional
je sourirais
tu sourirais
il sourirait
nous souririons
vous souririez
ils souriraient

TO SPEND *dépenser*
Present participle *dépensant*
Past participle *dépensé*
Imperative *dépense, dépensons, dépensez*

Present indicative
je dépense
tu dépenses
il dépense
nous dépensons
vous dépensez
ils dépensent

Perfect indicative
j'ai dépensé
tu as dépensé
il a dépensé
nous avons dépensé
vous avez dépensé
ils ont dépensé

Imperfect indicative
je dépensais
tu dépensais
il dépensait
nous dépensions
vous dépensiez
ils dépensaient

Pluperfect indicative
j'avais dépensé
tu avais dépensé
il avait dépensé
nous avions dépensé
vous aviez dépensé
ils avaient dépensé

Past historic
je dépensai
tu dépensas
il dépensa
nous dépensâmes
vous dépensâtes
ils dépensèrent

Present subjunctive
que je dépense
que tu dépenses
qu'il dépense
que nous dépensions
que vous dépensiez
qu'ils dépensent

Future
je dépenserai
tu dépenseras
il dépensera
nous dépenserons
vous dépenserez
ils dépenseront

Conditional
je dépenserais
tu dépenserais
il dépenserait
nous dépenserions
vous dépenseriez
ils dépenseraient

TO SUBSCRIBE *souscrire*
Present participle *souscrivant*
Past participle *souscrit*
Imperative *souscris, souscrivons, souscrivez*

Present indicative
je souscris
tu souscris
il souscrit
nous souscrivons
vous souscrivez
ils souscrivent

Imperfect indicative
je souscrivais
tu souscrivais
il souscrivait
nous souscrivions
vous souscriviez
ils souscrivaient

Past historic
je souscrivis
tu souscrivis
il souscrivit
nous souscrivîmes
vous souscrivîtes
ils souscrivirent

Future
je souscrirai
tu souscriras
il souscrira
nous souscrirons
vous souscrirez
ils souscriront

Perfect indicative
j'ai souscrit
tu as souscrit
il a souscrit
nous avons souscrit
vous avez souscrit
ils ont souscrit

Pluperfect indicative
j'avais souscrit
tu avais souscrit
il avait souscrit
nous avions souscrit
vous aviez souscrit
ils avaient souscrit

Present subjunctive
que je souscrive
que tu souscrives
qu'il souscrive
que nous souscrivions
que vous souscriviez
qu'ils souscrivent

Conditional
je souscrirais
tu souscrirais
il souscrirait
nous souscririons
vous souscririez
ils souscriraient

TO SUBTRACT *soustraire*
Present participle *soustrayant*
Past participle *soustrait*
Imperative *soustrais, soustrayons, soustrayez*

Present indicative
je soustrais
tu soustrais
il soustrait
nous soustrayons
vous soustrayez
ils soustraient

Perfect indicative
j'ai soustrait
tu as soustrait
il a soustrait
nous avons soustrait
vous avez soustrait
ils ont soustrait

Imperfect indicative
je soustrayais
tu soustrayais
il soustrayait
nous soustrayions
vous soustrayiez
ils soustrayaient

Pluperfect indicative
j'avais soustrait
tu avais soustrait
il avait soustrait
nous avions soustrait
vous aviez soustrait
ils avaient soustrait

Past historic
—
—
—
—
—
—

Present subjunctive
que je soustraie
que tu soustraies
qu'il soustraie
que nous soustrayions
que vous soustrayiez
qu'ils soustraient

Future
je soustrairai
tu soustrairas
il soustraira
nous soustrairons
vous soustrairez
ils soustrairont

Conditional
je soustrairais
tu soustrairais
il soustrairait
nous soustrairions
vous soustrairiez
ils soustrairaient

TO SUCCEED *aboutir*
Present participle *aboutissant*
Past participle *abouti*
Imperative *aboutis, aboutissons, aboutissez*

Present indicative
j'aboutis
tu aboutis
il aboutit
nous aboutissons
vous aboutissez
ils aboutissent

Perfect indicative
j'ai abouti
tu as abouti
il a abouti
nous avons abouti
vous avez abouti
ils ont abouti

Imperfect indicative
j'aboutissais
tu aboutissais
il aboutissait
nous aboutissions
vous aboutissiez
ils aboutissaient

Pluperfect indicative
j'avais abouti
tu avais abouti
il avait abouti
nous avions abouti
vous aviez abouti
ils avaient abouti

Past historic
j'aboutis
tu aboutis
il aboutit
nous aboutîmes
vous aboutîtes
ils aboutirent

Present subjunctive
que j'aboutisse
que tu aboutisses
qu'il aboutisse
que nous aboutissions
que vous aboutissiez
qu'ils aboutissent

Future
j'aboutirai
tu aboutiras
il aboutira
nous aboutirons
vous aboutirez
ils aboutiront

Conditional
j'aboutirais
tu aboutirais
il aboutirait
nous aboutirions
vous aboutiriez
ils aboutiraient

TO SUFFER *souffrir*
Present participle *souffrant*
Past participle *souffert*
Imperative *souffre, souffrons, souffrez*

Present indicative
je souffre
tu souffres
il souffre
nous souffrons
vous souffrez
ils souffrent

Perfect indicative
j'ai souffert
tu as souffert
il a souffert
nous avons souffert
vous avez souffert
ils ont souffert

Imperfect indicative
je souffrais
tu souffrais
il souffrait
nous souffrions
vous souffriez
ils souffraient

Pluperfect indicative
j'avais souffert
tu avais souffert
il avait souffert
nous avions souffert
vous aviez souffert
ils avaient souffert

Past historic
je souffris
tu souffris
il souffrit
nous souffrîmes
vous souffrîtes
ils souffrirent

Present subjunctive
que je souffre
que tu souffres
qu'il souffre
que nous souffrions
que vous souffriez
qu'ils souffrent

Future
je souffrirai
tu souffriras
il souffrira
nous souffrirons
vous souffrirez
ils souffriront

Conditional
je souffrirais
tu souffrirais
il souffrirait
nous souffririons
vous souffririez
ils souffriraient

TO SUGGEST *proposer*
Present participle *proposant*
Past participle *proposé*
Imperative *propose, proposons, proposez*

Present indicative
je propose
tu proposes
il propose
nous proposons
vous proposez
ils proposent

Perfect indicative
j'ai proposé
tu as proposé
il a proposé
nous avons proposé
vous avez proposé
ils ont proposé

Imperfect indicative
je proposais
tu proposais
il proposait
nous proposions
vous proposiez
ils proposaient

Pluperfect indicative
j'avais proposé
tu avais proposé
il avait proposé
nous avions proposé
vous aviez proposé
ils avaient proposé

Past historic
je proposai
tu proposas
il proposa
nous proposâmes
vous proposâtes
ils proposèrent

Present subjunctive
que je propose
que tu proposes
qu'il propose
que nous proposions
que vous proposiez
qu'ils proposent

Future
je proposerai
tu proposeras
il proposera
nous proposerons
vous proposerez
ils proposeront

Conditional
je proposerais
tu proposerais
il proposerait
nous proposerions
vous proposeriez
ils proposeraient

TO SUPPORT *soutenir*
Present participle *soutenant*
Past participle *soutenu*
Imperative *soutiens, soutenons, soutenez*

Present indicative
je soutiens
tu soutiens
il soutient
nous soutenons
vous soutenez
ils soutiennent

Imperfect indicative
je soutenais
tu soutenais
il soutenait
nous soutenions
vous souteniez
ils soutenaient

Past historic
je soutins
tu soutins
il soutint
nous soutînmes
vous soutîntes
ils soutinrent

Future
je soutiendrai
tu soutiendras
il soutiendra
nous soutiendrons
vous soutiendrez
ils soutiendront

Perfect indicative
j'ai soutenu
tu as soutenu
il a soutenu
nous avons soutenu
vous avez soutenu
ils ont soutenu

Pluperfect indicative
j'avais soutenu
tu avais soutenu
il avait soutenu
nous avions soutenu
vous aviez soutenu
ils avaient soutenu

Present subjunctive
que je soutienne
que tu soutiennes
qu'il soutienne
que nous soutenions
que vous souteniez
qu'ils soutiennent

Conditional
je soutiendrais
tu soutiendrais
il soutiendrait
nous soutiendrions
vous soutiendriez
ils soutiendraient

TO SURPRISE *surprendre*
Present participle *surprenant*
Past participle *surpris*
Imperative *surprends, surprenons, surprenez*

Present indicative
je surprends
tu surprends
il surprend
nous surprenons
vous surprenez
ils surprennent

Imperfect indicative
je surprenais
tu surprenais
il surprenait
nous surprenions
vous surpreniez
ils surprenaient

Past historic
je surpris
tu surpris
il surprit
nous surprîmes
vous surprîtes
ils surprirent

Future
je surprendrai
tu surprendras
il surprendra
nous surprendrons
vous surprendrez
ils surprendront

Perfect indicative
j'ai surpris
tu as surpris
il a surpris
nous avons surpris
vous avez surpris
ils ont surpris

Pluperfect indicative
j'avais surpris
tu avais surpris
il avait surpris
nous avions surpris
vous aviez surpris
ils avaient surpris

Present subjunctive
que je surprenne
que tu surprennes
qu'il surprenne
que nous surprenions
que vous surpreniez
qu'ils surprennent

Conditional
je surprendrais
tu surprendrais
il surprendrait
nous surprendrions
vous surprendriez
ils surprendraient

TO SURVIVE *survivre*
Present participle *survivant*
Past participle *survécu*
Imperative *survis, survivons, survivez*

Present indicative
je survis
tu survis
il survit
nous survivons
vous survivez
ils survivent

Imperfect indicative
je survivais
tu survivais
il survivait
nous survivions
vous surviviez
ils survivaient

Past historic
je survécus
tu survécus
il survécut
nous survécûmes
vous survécûtes
ils survécurent

Future
je survivrai
tu survivras
il survivra
nous survivrons
vous survivrez
ils survivront

Perfect indicative
j'ai survécu
tu as survécu
il a survécu
nous avons survécu
vous avez survécu
ils ont survécu

Pluperfect indicative
j'avais survécu
tu avais survécu
il avait survécu
nous avions survécu
vous aviez survécu
ils avaient survécu

Present subjunctive
que je survive
que tu survives
qu'il survive
que nous survivions
que vous surviviez
qu'ils survivent

Conditional
je survivrais
tu survivrais
il survivrait
nous survivrions
vous survivriez
ils survivraient

TO SUSPEND *suspendre*
Present participle *suspendant*
Past participle *suspendu*
Imperative *suspends*, *suspendons*, *suspendez*

Present indicative
je suspends
tu suspends
il suspend
nous suspendons
vous suspendez
ils suspendent

Perfect indicative
j'ai suspendu
tu as suspendu
il a suspendu
nous avons suspendu
vous avez suspendu
ils ont suspendu

Imperfect indicative
je suspendais
tu suspendais
il suspendait
nous suspendions
vous suspendiez
ils suspendaient

Pluperfect indicative
j'avais suspendu
tu avais suspendu
il avait suspendu
nous avions suspendu
vous aviez suspendu
ils avaient suspendu

Past historic
je suspendis
tu suspendis
il suspendit
nous suspendîmes
vous suspendîtes
ils suspendirent

Present subjunctive
que je suspende
que tu suspendes
qu'il suspende
que nous suspendions
que vous suspendiez
qu'ils suspendent

Future
je suspendrai
tu suspendras
il suspendra
nous suspendrons
vous suspendrez
ils suspendront

Conditional
je suspendrais
tu suspendrais
il suspendrait
nous suspendrions
vous suspendriez
ils suspendraient

TO SWING *balancer*
Present participle *balançant*
Past participle *balancé*
Imperative *balance, balançons, balancez*

Present indicative
je balance
tu balances
il balance
nous balançons
vous balancez
ils balancent

Imperfect indicative
je balançais
tu balançais
il balançait
nous balancions
vous balanciez
ils balançaient

Past historic
je balançai
tu balanças
il balança
nous balançâmes
vous balançâtes
ils balancèrent

Future
je balancerai
tu balanceras
il balancera
nous balancerons
vous balancerez
ils balanceront

Perfect indicative
j'ai balancé
tu as balancé
il a balancé
nous avons balancé
vous avez balancé
ils ont balancé

Pluperfect indicative
j'avais balancé
tu avais balancé
il avait balancé
nous avions balancé
vous aviez balancé
ils avaient balancé

Present subjunctive
que je balance
que tu balances
qu'il balance
que nous balancions
que vous balanciez
qu'ils balancent

Conditional
je balancerais
tu balancerais
il balancerait
nous balancerions
vous balanceriez
ils balanceraient

TO SWITCH OFF *éteindre*
Present participle *éteignant*
Past participle *éteint*
Imperative *éteins, éteignons, éteignez*

Present indicative
j'éteins
tu éteins
il éteint
nous éteignons
vous éteignez
ils éteignent

Imperfect indicative
j'éteignais
tu éteignais
il éteignait
nous éteignions
vous éteigniez
ils éteignaient

Past historic
j'éteignis
tu éteignis
il éteignit
nous éteignîmes
vous éteignîtes
ils éteignirent

Future
j'éteindrai
tu éteindras
il éteindra
nous éteindrons
vous éteindrez
ils éteindront

Perfect indicative
j'ai éteint
tu as éteint
il a éteint
nous avons éteint
vous avez éteint
ils ont éteint

Pluperfect indicative
j'avais éteint
tu avais éteint
il avait éteint
nous avions éteint
vous aviez éteint
ils avaient éteint

Present subjunctive
que j'éteigne
que tu éteignes
qu'il éteigne
que nous éteignions
que vous éteigniez
qu'ils éteignent

Conditional
j'éteindrais
tu éteindrais
il éteindrait
nous éteindrions
vous éteindriez
ils éteindraient

TO SWITCH ON *allumer*
Present participle *allumant*
Past participle *allumé*
Imperative *allume, allumons, allumez*

Present indicative
j'allume
tu allumes
il allume
nous allumons
vous allumez
ils allument

Imperfect indicative
j'allumais
tu allumais
il allumait
nous allumions
vous allumiez
ils allumaient

Past historic
j'allumai
tu allumas
il alluma
nous allumâmes
vous allumâtes
ils allumèrent

Future
j'allumerai
tu allumeras
il allumera
nous allumerons
vous allumerez
ils allumeront

Perfect indicative
j'ai allumé
tu as allumé
il a allumé
nous avons allumé
vous avez allumé
ils ont allumé

Pluperfect indicative
j'avais allumé
tu avais allumé
il avait allumé
nous avions allumé
vous aviez allumé
ils avaient allumé

Present subjunctive
que j'allume
que tu allumes
qu'il allume
que nous allumions
que vous allumiez
qu'ils allument

Conditional
j'allumerais
tu allumerais
il allumerait
nous allumerions
vous allumeriez
ils allumeraient

TO TAKE *prendre*
Present participle *prenant*
Past participle *pris*
Imperative *prends, prenons, prenez*

Present indicative
je prends
tu prends
il prend
nous prenons
vous prenez
ils prennent

Imperfect indicative
je prenais
tu prenais
il prenait
nous prenions
vous preniez
ils prenaient

Past historic
je pris
tu pris
il prit
nous prîmes
vous prîtes
ils prirent

Future
je prendrai
tu prendras
il prendra
nous prendrons
vous prendrez
ils prendront

Perfect indicative
j'ai pris
tu as pris
il a pris
nous avons pris
vous avez pris
ils ont pris

Pluperfect indicative
j'avais pris
tu avais pris
il avait pris
nous avions pris
vous aviez pris
ils avaient pris

Present subjunctive
que je prenne
que tu prennes
qu'il prenne
que nous prenions
que vous preniez
qu'ils prennent

Conditional
je prendrais
tu prendrais
il prendrait
nous prendrions
vous prendriez
ils prendraient

TO TAKE APART *disjoindre*
Present participle *disjoignant*
Past participle *disjoint*
Imperative *disjoins, disjoignons, disjoignez*

Present indicative
je disjoins
tu disjoins
il disjoint
nous disjoignons
vous disjoignez
ils disjoignent

Imperfect indicative
je disjoignais
tu disjoignais
il disjoignait
nous disjoignions
vous disjoigniez
ils disjoignaient

Past historic
je disjoignis
tu disjoignis
il disjoignit
nous disjoignîmes
vous disjoignîtes
ils disjoignirent

Future
je disjoindrai
tu disjoindras
il disjoindra
nous disjoindrons
vous disjoindrez
ils disjoindront

Perfect indicative
j'ai disjoint
tu as disjoint
il a disjoint
nous avons disjoint
vous avez disjoint
ils ont disjoint

Pluperfect indicative
j'avais disjoint
tu avais disjoint
il avait disjoint
nous avions disjoint
vous aviez disjoint
ils avaient disjoint

Present subjunctive
que je disjoigne
que tu disjoignes
qu'il disjoigne
que nous disjoignions
que vous disjoigniez
qu'ils disjoignent

Conditional
je disjoindrais
tu disjoindrais
il disjoindrait
nous disjoindrions
vous disjoindriez
ils disjoindraient

TO TAKE AWAY *emporter*
Present participle *emportant*
Past participle *emporté*
Imperative *emporte, emportons, emportez*

Present indicative
j'emporte
tu emportes
il emporte
nous emportons
vous emportez
ils emportent

Imperfect indicative
j'emportais
tu emportais
il emportait
nous emportions
vous emportiez
ils emportaient

Past historic
j'emportai
tu emportas
il emporta
nous emportâmes
vous emportâtes
ils emportèrent

Future
j'emporterai
tu emporteras
il emportera
nous emporterons
vous emporterez
ils emporteront

Perfect indicative
j'ai emporté
tu as emporté
il a emporté
nous avons emporté
vous avez emporté
ils ont emporté

Pluperfect indicative
j'avais emporté
tu avais emporté
il avait emporté
nous avions emporté
vous aviez emporté
ils avaient emporté

Present subjunctive
que j'emporte
que tu emportes
qu'il emporte
que nous emportions
que vous emportiez
qu'ils emportent

Conditional
j'emporterais
tu emporterais
il emporterait
nous emporterions
vous emporteriez
ils emporteraient

TO TAKE BACK *reprendre*
Present participle *reprenant*
Past participle *repris*
Imperative *reprends*, *reprenons*, *reprenez*

Present indicative
je reprends
tu reprends
il reprend
nous reprenons
vous reprenez
ils reprennent

Imperfect indicative
je reprenais
tu reprenais
il reprenait
nous reprenions
vous repreniez
ils reprenaient

Past historic
je repris
tu repris
il reprit
nous reprîmes
vous reprîtes
ils reprirent

Future
je reprendrai
tu reprendras
il reprendra
nous reprendrons
vous reprendrez
ils reprendront

Perfect indicative
j'ai repris
tu as repris
il a repris
nous avons repris
vous avez repris
ils ont repris

Pluperfect indicative
j'avais repris
tu avais repris
il avait repris
nous avions repris
vous aviez repris
ils avaient repris

Present subjunctive
que je reprenne
que tu reprennes
qu'il reprenne
que nous reprenions
que vous repreniez
qu'ils reprennent

Conditional
je reprendrais
tu reprendrais
il reprendrait
nous reprendrions
vous reprendriez
ils reprendraient

TO TALK *parler*
Present participle *parlant*
Past participle *parlé*
Imperative *parle, parlons, parlez*

Present indicative
je parle
tu parles
il parle
nous parlons
vous parlez
ils parlent

Imperfect indicative
je parlais
tu parlais
il parlait
nous parlions
vous parliez
ils parlaient

Past historic
je parlai
tu parlas
il parla
nous parlâmes
vous parlâtes
ils parlèrent

Future
je parlerai
tu parleras
il parlera
nous parlerons
vous parlerez
ils parleront

Perfect indicative
j'ai parlé
tu as parlé
il a parlé
nous avons parlé
vous avez parlé
ils ont parlé

Pluperfect indicative
j'avais parlé
tu avais parlé
il avait parlé
nous avions parlé
vous aviez parlé
ils avaient parlé

Present subjunctive
que je parle
que tu parles
qu'il parle
que nous parlions
que vous parliez
qu'ils parlent

Conditional
je parlerais
tu parlerais
il parlerait
nous parlerions
vous parleriez
ils parleraient

TO TEACH *enseigner*
Present participle *enseignant*
Past participle *enseigné*
Imperative *enseigne, enseignons, enseignez*

Present indicative
j'enseigne
tu enseignes
il enseigne
nous enseignons
vous enseignez
ils enseignent

Imperfect indicative
j'enseignais
tu enseignais
il enseignait
nous enseignions
vous enseigniez
ils enseignaient

Past historic
j'enseignai
tu enseignas
il enseigna
nous enseignâmes
vous enseignâtes
ils enseignèrent

Future
j'enseignerai
tu enseigneras
il enseignera
nous enseignerons
vous enseignerez
ils enseigneront

Perfect indicative
j'ai enseigné
tu as enseigné
il a enseigné
nous avons enseigné
vous avez enseigné
ils ont enseigné

Pluperfect indicative
j'avais enseigné
tu avais enseigné
il avait enseigné
nous avions enseigné
vous aviez enseigné
ils avaient enseigné

Present subjunctive
que j'enseigne
que tu enseignes
qu'il enseigne
que nous enseignions
que vous enseigniez
qu'ils enseignent

Conditional
j'enseignerais
tu enseignerais
il enseignerait
nous enseignerions
vous enseigneriez
ils enseigneraient

TO TELL *dire*
Present participle *disant*
Past participle *dit*
Imperative *dis, disons, dites*

Present indicative
je dis
tu dis
il dit
nous disons
vous dites
ils disent

Perfect indicative
j'ai dit
tu as dit
il a dit
nous avons dit
vous avez dit
ils ont dit

Imperfect indicative
je disais
tu disais
il disait
nous disions
vous disiez
ils disaient

Pluperfect indicative
j'avais dit
tu avais dit
il avait dit
nous avions dit
vous aviez dit
ils avaient dit

Past historic
je dis
tu dis
il dit
nous dîmes
vous dîtes
ils dirent

Present subjunctive
que je dise
que tu dises
qu'il dise
que nous disions
que vous disiez
qu'ils disent

Future
je dirai
tu diras
il dira
nous dirons
vous direz
ils diront

Conditional
je dirais
tu dirais
il dirait
nous dirions
vous diriez
ils diraient

TO THINK *penser*
Present participle *pensant*
Past participle *pensé*
Imperative *pense, pensons, pensez*

Present indicative
je pense
tu penses
il pense
nous pensons
vous pensez
ils pensent

Perfect indicative
j'ai pensé
tu as pensé
il a pensé
nous avons pensé
vous avez pensé
ils ont pensé

Imperfect indicative
je pensais
tu pensais
il pensait
nous pensions
vous pensiez
ils pensaient

Pluperfect indicative
j'avais pensé
tu avais pensé
il avait pensé
nous avions pensé
vous aviez pensé
ils avaient pensé

Past historic
je pensai
tu pensas
il pensa
nous pensâmes
vous pensâtes
ils pensèrent

Present subjunctive
que je pense
que tu penses
qu'il pense
que nous pensions
que vous pensiez
qu'ils pensent

Future
je penserai
tu penseras
il pensera
nous penserons
vous penserez
ils penseront

Conditional
je penserais
tu penserais
il penserait
nous penserions
vous penseriez
ils penseraient

TO THROW *lancer*
Present participle *lançant*
Past participle *lancé*
Imperative *lance, lançons, lancez*

Present indicative
je lance
tu lances
il lance
nous lançons
vous lancez
ils lancent

Imperfect indicative
je lançais
tu lançais
il lançait
nous lancions
vous lanciez
ils lançaient

Past historic
je lançai
tu lanças
il lança
nous lançâmes
vous lançâtes
ils lancèrent

Future
je lancerai
tu lanceras
il lancera
nous lancerons
vous lancerez
ils lanceront

Perfect indicative
j'ai lancé
tu as lancé
il a lancé
nous avons lancé
vous avez lancé
ils ont lancé

Pluperfect indicative
j'avais lancé
tu avais lancé
il avait lancé
nous avions lancé
vous aviez lancé
ils avaient lancé

Present subjunctive
que je lance
que tu lances
qu'il lance
que nous lancions
que vous lanciez
qu'ils lancent

Conditional
je lancerais
tu lancerais
il lancerait
nous lancerions
vous lanceriez
ils lanceraient

TO THROW AWAY *jeter*
Present participle *jetant*
Past participle *jeté*
Imperative *jette, jetons, jetez*

Present indicative
je jette
tu jettes
il jette
nous jetons
vous jetez
ils jettent

Imperfect indicative
je jetais
tu jetais
il jetait
nous jetions
vous jetiez
ils jetaient

Past historic
je jetai
tu jetas
il jeta
nous jetâmes
vous jetâtes
ils jetèrent

Future
je jetterai
tu jetteras
il jettera
nous jetterons
vous jetterez
ils jetteront

Perfect indicative
j'ai jeté
tu as jeté
il a jeté
nous avons jeté
vous avez jeté
ils ont jeté

Pluperfect indicative
j'avais jeté
tu avais jeté
il avait jeté
nous avions jeté
vous aviez jeté
ils avaient jeté

Present subjunctive
que je jette
que tu jettes
qu'il jette
que nous jetions
que vous jetiez
qu'ils jettent

Conditional
je jetterais
tu jetterais
il jetterait
nous jetterions
vous jetteriez
ils jetteraient

TO TIDY UP *ranger*
Present participle *rangeant*
Past participle *rangé*
Imperative *range, rangeons, rangez*

Present indicative
je range
tu ranges
il range
nous rangeons
vous rangez
ils rangent

Imperfect indicative
je rangeais
tu rangeais
il rangeait
nous rangions
vous rangiez
ils rangeaient

Past historic
je rangeai
tu rangeas
il rangea
nous rangeâmes
vous rangeâtes
ils rangèrent

Future
je rangerai
tu rangeras
il rangera
nous rangerons
vous rangerez
ils rangeront

Perfect indicative
j'ai rangé
tu as rangé
il a rangé
nous avons rangé
vous avez rangé
ils ont rangé

Pluperfect indicative
j'avais rangé
tu avais rangé
il avait rangé
nous avions rangé
vous aviez rangé
ils avaient rangé

Present subjunctive
que je range
que tu ranges
qu'il range
que nous rangions
que vous rangiez
qu'ils rangent

Conditional
je rangerais
tu rangerais
il rangerait
nous rangerions
vous rangeriez
ils rangeraient

TO TIGHTEN *tendre*
Present participle *tendant*
Past participle *tendu*
Imperative *tends, tendons, tendez*

Present indicative
je tends
tu tends
il tend
nous tendons
vous tendez
ils tendent

Imperfect indicative
je tendais
tu tendais
il tendait
nous tendions
vous tendiez
ils tendaient

Past historic
je tendis
tu tendis
il tendit
nous tendîmes
vous tendîtes
ils tendirent

Future
je tendrai
tu tendras
il tendra
nous tendrons
vous tendrez
ils tendront

Perfect indicative
j'ai tendu
tu as tendu
il a tendu
nous avons tendu
vous avez tendu
ils ont tendu

Pluperfect indicative
j'avais tendu
tu avais tendu
il avait tendu
nous avions tendu
vous aviez tendu
ils avaient tendu

Present subjunctive
que je tende
que tu tendes
qu'il tende
que nous tendions
que vous tendiez
qu'ils tendent

Conditional
je tendrais
tu tendrais
il tendrait
nous tendrions
vous tendriez
ils tendraient

TO TOUCH *toucher*
Present participle *touchant*
Past participle *touché*
Imperative *touche, touchons, touchez*

Present indicative
je touche
tu touches
il touche
nous touchons
vous touchez
ils touchent

Perfect indicative
j'ai touché
tu as touché
il a touché
nous avons touché
vous avez touché
ils ont touché

Imperfect indicative
je touchais
tu touchais
il touchait
nous touchions
vous touchiez
ils touchaient

Pluperfect indicative
j'avais touché
tu avais touché
il avait touché
nous avions touché
vous aviez touché
ils avaient touché

Past historic
je touchai
tu touchas
il toucha
nous touchâmes
vous touchâtes
ils touchèrent

Present subjunctive
que je touche
que tu touches
qu'il touche
que nous touchions
que vous touchiez
qu'ils touchent

Future
je toucherai
tu toucheras
il touchera
nous toucherons
vous toucherez
ils toucheront

Conditional
je toucherais
tu toucherais
il toucherait
nous toucherions
vous toucheriez
ils toucheraient

TO TRANSCRIBE *transcrire*
Present participle *transcrivant*
Past participle *transcrit*
Imperative *transcris, transcrivons, transcrivez*

Present indicative
je transcris
tu transcris
il transcrit
nous transcrivons
vous transcrivez
ils transcrivent

Imperfect indicative
je transcrivais
tu transcrivais
il transcrivait
nous transcrivions
vous transcriviez
ils transcrivaient

Past historic
je transcrivis
tu transcrivis
il transcrivit
nous transcrivîmes
vous transcrivîtes
ils transcrivirent

Future
je transcrirai
tu transcriras
il transcrira
nous transcrirons
vous transcrirez
ils transcriront

Perfect indicative
j'ai transcrit
tu as transcrit
il a transcrit
nous avons transcrit
vous avez transcrit
ils ont transcrit

Pluperfect indicative
j'avais transcrit
tu avais transcrit
il avait transcrit
nous avions transcrit
vous aviez transcrit
ils avaient transcrit

Present subjunctive
que je transcrive
que tu transcrives
qu'il transcrive
que nous transcrivions
que vous transcriviez
qu'ils transcrivent

Conditional
je transcrirais
tu transcrirais
il transcrirait
nous transcririons
vous transcririez
ils transcriraient

TO TRANSLATE *traduire*
Present participle *traduisant*
Past participle *traduit*
Imperative *traduis, traduisons, traduisez*

Present indicative
je traduis
tu traduis
il traduit
nous traduisons
vous traduisez
ils traduisent

Imperfect indicative
je traduisais
tu traduisais
il traduisait
nous traduisions
vous traduisiez
ils traduisaient

Past historic
je traduisis
tu traduisis
il traduisit
nous traduisîmes
vous traduisîtes
ils traduisirent

Future
je traduirai
tu traduiras
il traduira
nous traduirons
vous traduirez
ils traduiront

Perfect indicative
j'ai traduit
tu as traduit
il a traduit
nous avons traduit
vous avez traduit
ils ont traduit

Pluperfect indicative
j'avais traduit
tu avais traduit
il avait traduit
nous avions traduit
vous aviez traduit
ils avaient traduit

Present subjunctive
que je traduise
que tu traduises
qu'il traduise
que nous traduisions
que vous traduisiez
qu'ils traduisent

Conditional
je traduirais
tu traduirais
il traduirait
nous traduirions
vous traduiriez
ils traduiraient

TO UNDERSTAND *comprendre*
Present participle *comprenant*
Past participle *compris*
Imperative *comprends, comprenons, comprenez*

Present indicative
je comprends
tu comprends
il comprend
nous comprenons
vous comprenez
ils comprennent

Perfect indicative
j'ai compris
tu as compris
il a compris
nous avons compris
vous avez compris
ils ont compris

Imperfect indicative
je comprenais
tu comprenais
il comprenait
nous comprenions
vous compreniez
ils comprenaient

Pluperfect indicative
j'avais compris
tu avais compris
il avait compris
nous avions compris
vous aviez compris
ils avaient compris

Past historic
je compris
tu compris
il comprit
nous comprîmes
vous comprîtes
ils comprirent

Present subjunctive
que je comprenne
que tu comprennes
qu'il comprenne
que nous comprenions
que vous compreniez
qu'ils comprennent

Future
je comprendrai
tu comprendras
il comprendra
nous comprendrons
vous comprendrez
ils comprendront

Conditional
je comprendrais
tu comprendrais
il comprendrait
nous comprendrions
vous comprendriez
ils comprendraient

TO UNDERTAKE *entreprendre*
Present participle *entreprenant*
Past participle *entrepris*
Imperative *entreprends, entreprenons, entreprenez*

Present indicative
j'entreprends
tu entreprends
il entreprend
nous entreprenons
vous entreprenez
ils entreprennent

Perfect indicative
j'ai entrepris
tu as entrepris
il a entrepris
nous avons entrepris
vous avez entrepris
ils ont entrepris

Imperfect indicative
j'entreprenais
tu entreprenais
il entreprenait
nous entreprenions
vous entrepreniez
ils entreprenaient

Pluperfect indicative
j'avais entrepris
tu avais entrepris
il avait entrepris
nous avions entrepris
vous aviez entrepris
ils avaient entrepris

Past historic
j'entrepris
tu entrepris
il entreprit
nous entreprîmes
vous entreprîtes
ils entreprirent

Present subjunctive
que j'entreprenne
que tu entreprennes
qu'il entreprenne
que nous entreprenions
que vous entrepreniez
qu'ils entreprennent

Future
j'entreprendrai
tu entreprendras
il entreprendra
nous entreprendrons
vous entreprendrez
ils entreprendront

Conditional
j'entreprendrais
tu entreprendrais
il entreprendrait
nous entreprendrions
vous entreprendriez
ils entreprendraient

TO UNDO *défaire*
Present participle *défaisant*
Past participle *défait*
Imperative *défais, défaisons, défaites*

Present indicative
je défais
tu défais
il défait
nous défaisons
vous défaites
ils défont

Imperfect indicative
je défaisais
tu défaisais
il défaisait
nous défaisions
vous défaisiez
ils défaisaient

Past historic
je défis
tu défis
il défit
nous défîmes
vous défîtes
ils défirent

Future
je déferai
tu déferas
il défera
nous déferons
vous déferez
ils déferont

Perfect indicative
j'ai défait
tu as défait
il a défait
nous avons défait
vous avez défait
ils ont défait

Pluperfect indicative
j'avais défait
tu avais défait
il avait défait
nous avions défait
vous aviez défait
ils avaient défait

Present subjunctive
que je défasse
que tu défasses
qu'il défasse
que nous défassions
que vous défassiez
qu'ils défassent

Conditional
je déferais
tu déferais
il déferait
nous déferions
vous déferiez
ils déferaient

TO VANQUISH *vaincre*
Present participle *vainquant*
Past participle *vaincu*
Imperative *vaincs, vainquons, vainquez*

Present indicative
je vaincs
tu vaincs
il vainc
nous vainquons
vous vainquez
ils vainquent

Perfect indicative
j'ai vaincu
tu as vaincu
il a vaincu
nous avons vaincu
vous avez vaincu
ils ont vaincu

Imperfect indicative
je vainquais
tu vainquais
il vainquait
nous vainquions
vous vainquiez
ils vainquaient

Pluperfect indicative
j'avais vaincu
tu avais vaincu
il avait vaincu
nous avions vaincu
vous aviez vaincu
ils avaient vaincu

Past historic
je vainquis
tu vainquis
il vainquit
nous vainquîmes
vous vainquîtes
ils vainquirent

Present subjunctive
que je vainque
que tu vainques
qu'il vainque
que nous vainquions
que vous vainquiez
qu'ils vainquent

Future
je vaincrai
tu vaincras
il vaincra
nous vaincrons
vous vaincrez
ils vaincront

Conditional
je vaincrais
tu vaincrais
il vaincrait
nous vaincrions
vous vaincriez
ils vaincraient

TO WAIT *attendre*
Present participle *attendant*
Past participle *attendu*
Imperative *attends, attendons, attendez*

Present indicative
j'attends
tu attends
il attend
nous attendons
vous attendez
ils attendent

Imperfect indicative
j'attendais
tu attendais
il attendait
nous attendions
vous attendiez
ils attendaient

Past historic
j'attendis
tu attendis
il attendit
nous attendîmes
vous attendîtes
ils attendirent

Future
j'attendrai
tu attendras
il attendra
nous attendrons
vous attendrez
ils attendront

Perfect indicative
j'ai attendu
tu as attendu
il a attendu
nous avons attendu
vous avez attendu
ils ont attendu

Pluperfect indicative
j'avais attendu
tu avais attendu
il avait attendu
nous avions attendu
vous aviez attendu
ils avaient attendu

Present subjunctive
que j'attende
que tu attendes
qu'il attende
que nous attendions
que vous attendiez
qu'ils attendent

Conditional
j'attendrais
tu attendrais
il attendrait
nous attendrions
vous attendriez
ils attendraient

TO WALK *marcher*
Present participle *marchant*
Past participle *marché*
Imperative *marche, marchons, marchez*

Present indicative
je marche
tu marches
il marche
nous marchons
vous marchez
ils marchent

Perfect indicative
j'ai marché
tu as marché
il a marché
nous avons marché
vous avez marché
ils ont marché

Imperfect indicative
je marchais
tu marchais
il marchait
nous marchions
vous marchiez
ils marchaient

Pluperfect indicative
j'avais marché
tu avais marché
il avait marché
nous avions marché
vous aviez marché
ils avaient marché

Past historic
je marchai
tu marchas
il marcha
nous marchâmes
vous marchâtes
ils marchèrent

Present subjunctive
que je marche
que tu marches
qu'il marche
que nous marchions
que vous marchiez
qu'ils marchent

Future
je marcherai
tu marcheras
il marchera
nous marcherons
vous marcherez
ils marcheront

Conditional
je marcherais
tu marcherais
il marcherait
nous marcherions
vous marcheriez
ils marcheraient

TO WANT *vouloir*
Present participle *voulant*
Past participle *voulu*
Imperative *veuille*, *voulons*, *voulez* or *veuillez*

Present indicative
je veux
tu veux
il veut
nous voulons
vous voulez
ils veulent

Imperfect indicative
je voulais
tu voulais
il voulait
nous voulions
vous vouliez
ils voulaient

Past historic
je voulus
tu voulus
il voulut
nous voulûmes
vous voulûtes
ils voulurent

Future
je voudrai
tu voudras
il voudra
nous voudrons
vous voudrez
ils voudront

Perfect indicative
j'ai voulu
tu as voulu
il a voulu
nous avons voulu
vous avez voulu
ils ont voulu

Pluperfect indicative
j'avais voulu
tu avais voulu
il avait voulu
nous avions voulu
vous aviez voulu
ils avaient voulu

Present subjunctive
que je veuille
que tu veuilles
qu'il veuille
que nous voulions
que vous vouliez
qu'ils veuillent

Conditional
je voudrais
tu voudrais
il voudrait
nous voudrions
vous voudriez
ils voudraient

TO WARN *prévenir*
Present participle *prévenant*
Past participle *prévenu*
Imperative *préviens, prévenons, prévenez*

Present indicative
je préviens
tu préviens
il prévient
nous prévenons
vous prévenez
ils préviennent

Imperfect indicative
je prévenais
tu prévenais
il prévenait
nous prévenions
vous préveniez
ils prévenaient

Past historic
je prévins
tu prévins
il prévint
nous prévînmes
vous prévîntes
ils prévinrent

Future
je préviendrai
tu préviendras
il préviendra
nous préviendrons
vous préviendrez
ils préviendront

Perfect indicative
je suis prévenu
tu es prévenu
il est prévenu
nous sommes prévenus
vous êtes prévenus
ils sont prévenus

Pluperfect indicative
j'étais prévenu
tu étais prévenu
il était prévenu
nous étions prévenus
vous étiez prévenus
ils étaient prévenus

Present subjunctive
que je prévienne
que tu préviennes
qu'il prévienne
que nous prévenions
que vous préveniez
qu'ils préviennent

Conditional
je préviendrais
tu préviendrais
il préviendrait
nous préviendrions
vous préviendriez
ils préviendraient

TO WASH *laver*
Present participle *lavant*
Past participle *lavé*
Imperative *lave, lavons, lavez*

Present indicative
je lave
tu laves
il lave
nous lavons
vous lavez
ils lavent

Imperfect indicative
je lavais
tu lavais
il lavait
nous lavions
vous laviez
ils lavaient

Past historic
je lavai
tu lavas
il lava
nous lavâmes
vous lavâtes
ils lavèrent

Future
je laverai
tu laveras
il lavera
nous laverons
vous laverez
ils laveront

Perfect indicative
j'ai lavé
tu as lavé
il a lavé
nous avons lavé
vous avez lavé
ils ont lavé

Pluperfect indicative
j'avais lavé
tu avais lavé
il avait lavé
nous avions lavé
vous aviez lavé
ils avaient lavé

Present subjunctive
que je lave
que tu laves
qu'il lave
que nous lavions
que vous laviez
qu'ils lavent

Conditional
je laverais
tu laverais
il laverait
nous laverions
vous laveriez
ils laveraient

TO WELCOME *accueillir*
Present participle *accueillant*
Past participle *accueilli*
Imperative *accueille, accueillons, accueillez*

Present indicative
j'accueille
tu accueilles
il accueille
nous accueillons
vous accueillez
ils accueillent

Imperfect indicative
j'accueillais
tu accueillais
il accueillait
nous accueillions
vous accueilliez
ils accueillaient

Past historic
j'accueillis
tu accueillis
il accueillit
nous accueillîmes
vous accueillîtes
ils accueillirent

Future
j'accueillerai
tu accueilleras
il accueillera
nous accueillerons
vous accueillerez
ils accueilleront

Perfect indicative
j'ai accueilli
tu as accueilli
il a accueilli
nous avons accueilli
vous avez accueilli
ils ont accueilli

Pluperfect indicative
j'avais accueilli
tu avais accueilli
il avait accueilli
nous avions accueilli
vous aviez accueilli
ils avaient accueilli

Present subjunctive
que j'accueille
que tu accueilles
qu'il accueille
que nous accueillions
que vous accueilliez
qu'ils accueillent

Conditional
j'accueillerais
tu accueillerais
il accueillerait
nous accueillerions
vous accueilleriez
ils accueilleraient

TO WIPE *essuyer*
Present participle *essuyant*
Past participle *essuyé*
Imperative *essuie, essuyons, essuyez*

Present indicative
j'essuie
tu essuies
il essuie
nous essuyons
vous essuyez
ils essuient

Imperfect indicative
j'essuyais
tu essuyais
il essuyait
nous essuyions
vous essuyiez
ils essuyaient

Past historic
j'essuyai
tu essuyas
il essuya
nous essuyâmes
vous essuyâtes
ils essuyèrent

Future
j'essuierai
tu essuieras
il essuiera
nous essuierons
vous essuierez
ils essuieront

Perfect indicative
j'ai essuyé
tu as essuyé
il a essuyé
nous avons essuyé
vous avez essuyé
ils ont essuyé

Pluperfect indicative
j'avais essuyé
tu avais essuyé
il avait essuyé
nous avions essuyé
vous aviez essuyé
ils avaient essuyé

Present subjunctive
que j'essuie
que tu essuies
qu'il essuie
que nous essuyions
que vous essuyiez
qu'ils essuient

Conditional
j'essuierais
tu essuierais
il essuierait
nous essuierions
vous essuieriez
ils essuieraient

TO WORK *travailler*
Present participle *travaillant*
Past participle *travaillé*
Imperative *travaille, travaillons, travaillez*

Present indicative
je travaille
tu travailles
il travaille
nous travaillons
vous travaillez
ils travaillent

Perfect indicative
j'ai travaillé
tu as travaillé
il a travaillé
nous avons travaillé
vous avez travaillé
ils ont travaillé

Imperfect indicative
je travaillais
tu travaillais
il travaillait
nous travaillions
vous travailliez
ils travaillaient

Pluperfect indicative
j'avais travaillé
tu avais travaillé
il avait travaillé
nous avions travaillé
vous aviez travaillé
ils avaient travaillé

Past historic
je travaillai
tu travaillas
il travailla
nous travaillâmes
vous travaillâtes
ils travaillèrent

Present subjunctive
que je travaille
que tu travailles
qu'il travaille
que nous travaillions
que vous travailliez
qu'ils travaillent

Future
je travaillerai
tu travailleras
il travaillera
nous travaillerons
vous travaillerez
ils travailleront

Conditional
je travaillerais
tu travaillerais
il travaillerait
nous travaillerions
vous travailleriez
ils travailleraient

TO WRITE *écrire*
Present participle *écrivant*
Past participle *écrit*
Imperative *écris, écrivons, écrivez*

Present indicative
j'écris
tu écris
il écrit
nous écrivons
vous écrivez
ils écrivent

Perfect indicative
j'ai écrit
tu as écrit
il a écrit
nous avons écrit
vous avez écrit
ils ont écrit

Imperfect indicative
j'écrivais
tu écrivais
il écrivait
nous écrivions
vous écriviez
ils écrivaient

Pluperfect indicative
j'avais écrit
tu avais écrit
il avait écrit
nous avions écrit
vous aviez écrit
ils avaient écrit

Past historic
j'écrivis
tu écrivis
il écrivit
nous écrivîmes
vous écrivîtes
ils écrivirent

Present subjunctive
que j'écrive
que tu écrives
qu'il écrive
que nous écrivions
que vous écriviez
qu'ils écrivent

Future
j'écrirai
tu écriras
il écrira
nous écrirons
vous écrirez
ils écriront

Conditional
j'écrirais
tu écrirais
il écrirait
nous écririons
vous écririez
ils écriraient

TO YIELD *céder*
Present participle *cédant*
Past participle *cédé*
Imperative *cède, cédons, cédez*

Present indicative
je cède
tu cèdes
il cède
nous cédons
vous cédez
ils cèdent

Imperfect indicative
je cédais
tu cédais
il cédait
nous cédions
vous cédiez
ils cédaient

Past historic
je cédai
tu cédas
il céda
nous cédâmes
vous cédâtes
ils cédèrent

Future
je céderai
tu céderas
il cédera
nous céderons
vous céderez
ils céderont

Perfect indicative
j'ai cédé
tu as cédé
il a cédé
nous avons cédé
vous avez cédé
ils ont cédé

Pluperfect indicative
j'avais cédé
tu avais cédé
il avait cédé
nous avions cédé
vous aviez cédé
ils avaient cédé

Present subjunctive
que je cède
que tu cèdes
qu'il cède
que nous cédions
que vous cédiez
qu'ils cèdent

Conditional
je céderais
tu céderais
il céderait
nous céderions
vous céderiez
ils céderaient

FRENCH INDEX

ENGLISH INDEX